U0785714

山大往事

增订版

行龙 著

创于1897
商务印书馆
The Commercial Press

目 录

前身：
三立、晋阳、令德堂书院

坊间流行的《中国高等教育史》《中国大学教育发展史》之类的著作，大多将中国大学的历史追溯至“三代之学”，或从西周“大学”谈起，或从汉代“太学”算起，即使像当今中国高等教育的重镇——北京大学的校史，像冯友兰这样的硕学鸿儒也强调：“北京大学的校史应该从汉代的太学算起。”最近一二十年来，国内各大学纷纷举行校庆，大多将历史尽量往前追溯，甚至有些不惜“改头换面”或“偷梁换柱”。此种现象实是国人“民族自尊”情结的显露：一个历史悠久的文明古国，居然只有百年的“大学史”，实在说不过去呀。

此种建构“悠久历史”的愿望可以理解，但无限地扩张却不值得提倡。因为中国古代的“大学”或“太学”，与“university”存在巨大差异，中国近代新式大学的建立和大学制度的确立，实在是地道的舶来品（参见陈平原《老北大的故事》，江苏文艺出版社 1998 年 3 月版）。近代中国一些新式大学的成立，与前已存在的书院倒是有着直接或间接的联系，继京师大学堂（今北京大学）之后于 1902 年成立的山西大学堂，最初就是由此前设在太原的晋阳书院和令德堂书院合并而成。

“晋阳书院建自前明”。明万历初年，山西按察司副使利用巡抚衙门旧址，增建号舍，筑三贤堂，祀奉讲学河汾、生长于河汾的三位先贤——王通、司马光、薛瑄，以此作为士子学习的榜样，并挂起“河汾书院”的牌匾。万历二十一年（1593 年），时任山西巡抚魏允贞在太原府沿西南右所街，又将三贤堂扩大为三立祠，祠奉明贤 55 人，每年按规定日期和仪式致祭。三立书院由此确立。

三立书院最初办得很有成效。万历二十七年（1599 年）庚子科乡试时，学员考中举人者多达 50 余人。崇祯初年，时任山西提学佥事袁继咸从考生中择录优等生 250 人进入三立书院，并将三立祠名臣、乡贤续增至 71 人，袁为其各著一传，传后加以“袁临侯曰”的评语，名其书为《三立祠传》。

袁继咸，字季通，号临侯，江西宜春人。办事公正，热心教育。他主持三立书院后，与士子互相讨论，朝夕劝课，生活上蔬食菜羹，与士子一致。袁氏不带家眷，节余薪俸，全数补助寒苦士子。士子得病，亲自慰问，并出医药费用，深得三立书院士子之拥戴。崇祯九年（1636年）当袁氏遭诬陷被逮进京后，以傅山、薛宗周为首的山西百余青年徒步上京，为袁鸣冤，使袁案得以平反，此为有名的“伏阙讼冤”。崇祯十六年（1643年），时任巡抚蔡懋德又对三立书院进行整顿，其中两大措施最为著名：一为聘请知州魏权中、举人韩霖、桑拱阳及傅山来院讲学；二为每月三集，集中讲学。初集讲圣谕，由地方绅士和乡老参加；再集讲经济，举凡国家大政、地方利害均在讨论之列，从政人员必须参加；三集讲制举，科举应试的士子参加。

明清之际十余年兵荒马乱，山西属于重灾区，三立书院也受到一定冲击。顺治十七年（1660年），山西巡抚白汝梅鉴于三立祠地势湫隘，又经兵燹，遂在府城东南侯家巷购地，另建三立祠。此次重建的三立书院总面积大为扩展，共花费白银2130余两。雍正十一年（1733年），三立书院正式改名“晋阳书院”。重建后的晋阳书院旧址即在现今的太原市公安局院内。自顺治十八年直至光绪二十七年（1661—1901年）240年间，晋阳书院一直设在侯家巷。1902年成立山西大学堂，大学堂总教习兼中学专斋总理谷如墉，即为晋阳书院最后一任山长，晋阳书院的学生也全部进入山西大学堂。

令德堂创办人张之洞

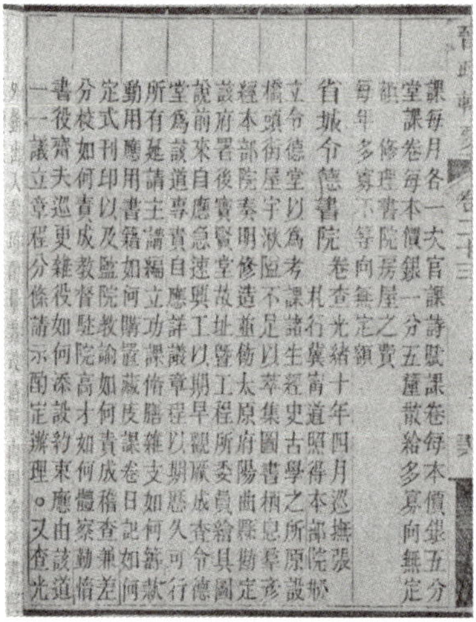

課每月各一大官課詩賦課卷每本價銀五分
堂課卷每本價銀一分五釐散給多寡向無定
祇修理書院房屋之費
每年多寡不等向無定額
省城令德書院
卷查光緒十年四月巡撫張
札行冀甯道照得本部院郝
立令德堂以為考課諸生經史古學之所原設
橫頭街屋宇湫隘不足以萃集圖書棲息舉彥
經本部院奏明修造董飭太原府陽曲縣勘定
設府署後賓興堂故址暨工程所委員給具圖
說前來自應急速興工以期早觀厥成查令德
堂為該道專責自應詳議章程以期經久可行
所有延請主講編立功課備膳雜支如何籌款
動用應用書籍如何購置藏庋課卷日記如何
定式刊印以及監院教諭如何責成稽查兼差
分校如何責成教督駐院高才如何體察勸倍
書役齋夫巡更雜役如何添設約束應由該道
一一議立章程分條請示酌定辦理。又查光

令德堂书院章程

山西大学堂与“令德堂书院”也有历史渊源。光绪八年（1882 年），张之洞继任山西巡抚，针对山西“士气衰微而废其学”“此时唯苦人才不足”的情况，到任伊始，即与学使王学庄商议，并会衔入奏，请于太原府署西偏明代晋藩宝贤堂旧址别建精庐，仿阮元学海堂诂经精舍例，设“令德堂书院”。后因王学庄丁忧去官，张之洞又与新任学使吕凤歧悉心规划，在桥头街（今太原市人民公园）觅屋开办。令德堂课士，仍为传统书院规制，其延聘的山长、分校都是对经史古学造诣颇深的儒生，如主讲王轩（洪洞人）为同治壬戌进士，幼治三礼，习许氏《说文》，于地理学、金石考订颇有成就；协讲杨笃（乡宁人）为同治甲子举人，精三礼，尤专训诂。王、杨均为光绪《山西通志》的主要纂修人；协讲杨深秀（闻喜人）为光绪丁丑进士，治朴学，为后来著名的“戊戌六君子”之一。

1884 年，张之洞饬冀宁道详议令德堂章程六条四十二目（载光绪《晋政辑要》卷 23，《礼制 · 学校六》），举凡延请主讲，编立功课，修缮杂支，书籍购置，课卷日记，监院教谕，书役斋夫，巡更杂役，均一一议立章程，“以期历久可行”。令德堂学生最初仅 30 人，后陆续增至 70 人，“其后通省人才多出于此”。据载，1885 年乙酉乡试，有文能运用许慎《说文》及史学辞章具有根底者皆属令德堂肄业生。值得提起的是，戊戌维新高潮期间，令德堂肄业

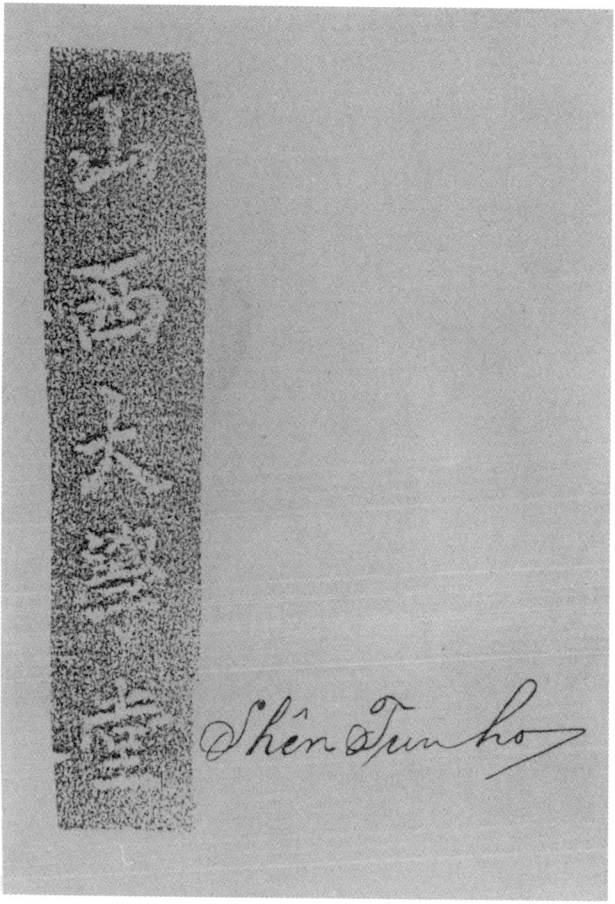

山西大学堂首任督办沈敦和题写的校名

生增至 120 人，院长屠仁守进行教学改制，添设经济课四门——政治时务、农功物产、地理兵事、天算博艺，令学生任选一门，广览众参。令德堂的与时俱进，适应了社会变革的需求。

光绪二十六年（1900 年）义和团运动发生后，外籍教士安怀珍、刘博第等强占令德堂为临时教堂，令德堂于是停办，其肄业生后来一律转入新设立的山西大学堂，中学专斋最初的教学内容和方法多承袭令德堂旧制，而山西大学堂创办人之一的谷如墉及教师田应璜、张友桐、董化时等都是令德堂早年的毕业生。

清末书院改学堂是自上而下的社会潮流，山西大学堂就是在晋阳书院和令德堂书院的基础上创建的。

校庆日：
1902 年 5 月 8 日

一所学校的校庆日，犹如一个人的生日，都有她确切的年、月、日。山西大学百年校庆之际，其“身世之谜”不得不考。

校庆日的考订采取由近及远的回溯办法可能最为便利。

1992 年山西大学 90 周年校庆时，山西高校联合出版社曾出版《群星璀璨话摇篮》一书，内载马兆丰先生《怀念师友忆往事，几度校庆见兴衰》一文。据马老回忆，他曾亲身经历过三次校庆，一为 1947 年 5 月举行的 45 周年校庆；一为 1982 年 10 月举行的 80 周年校庆；一为 1992 年 9 月举行的 90 周年校庆。后两次校庆笔者都曾有幸作为山西大学的一员参与，其规模盛况，各种大型活动，至今记忆犹新，唯庆典活动的标志——由省府官员及各方来宾参加的大会，90 周年在 9 月 10 日，80 周年则在 10 月 26 日。9 月 10 日为国家规定的教师节，校庆日与教师节同庆尚可理解，10 月 26 日则不得其解。

值得注意的是，45 周年校庆在 5 月举行，征询马老，知确切日期在 5 月 1 日。此次校庆在老校址侯家巷举行，"校庆十分简陋，连个会标都没有，只是举行了一个报告会，参加师生稀稀疏疏，没有什么庆祝气氛"（见马兆丰文）。但 5 月 1 日却是"身世之谜"的一个重要日期。

查民国三十六年（1947 年）编《国立山西大学一览》后附《国立山西大学三十六学年度学校历》，其"说明"中明确记曰："五月一日，校庆纪念放假。"同年，由国立山西大学文学院、法学院合编的《山大学报·创刊号》也于 5 月 1 日出版。校长徐士瑚在"创刊词"中写道：本学报"能于五月一日，本校四十五周年校庆纪念日出刊，是一件令人兴奋的事！"

将 5 月 1 日作为山西大学校庆日，在山大校史上可能是沿用最长的一个日期。查 1943 年创刊的《国立山西大学校刊》，直至 1947 年，每年校庆该刊均有庆祝活动的记载。其中 42 周年时在全校师生参加的庆祝大会上，教务长严开元、法学院院长张之杰、训导长薛耀庭、经济系主任侯锦铍等均发表讲演（行按：校长徐士瑚因赴克难坡

清末山西大学堂全景图

未在校）。其中侯锦钹的讲演，不仅将山西大学与北京大学比较而论，而且颇为推崇1922年以前“外人办理”时期的山西大学：

山大是仅次于北大而为全国最早的第二个学校，但北大前身只是译学馆，论课程完备、灌输欧美文化最早的学校，还是以山大为第一。山大之始，创办于英国驻上海总领事李提摩太之手，当时欲以欧西文化解救我们的一些缺点，但其弊在欧化过深，矫枉过正，后来也同时注重我国文化，遂又有进步。首次由李氏选派留洋的学生，毕业归国多在本校授课，大半成一时学术精深的名士，所以在民国十一年以前，就是外人办理的时期，本校是颇负声誉的。

北大自有北大的优势，山大也有自己的长处，当然不好简单地比附。但侯锦钹先生这番“气壮如牛”的话，恐怕今日吾等晚辈就难以出口了。

再往后溯。查5月1日作为校庆日，至迟在20世纪30年代初期即已确定。1930年5月1日《山西日报》载：“山西大学校王录勋校长，以今日为该校成立28周年纪念日，特于昨日牌示放假一日，以表庆祝，其牌示云：‘查本年5月1日为本校成立28周年纪念日，照章放假一日，以示庆祝，而志不忘，仰各科诸生一体知照，此布。’云云。”

山西大学堂中斋教室

山西大学堂西斋

按王录勋校长牌示“照章放假一日”，则确定5月1日作为校庆日当还在此前，惜现有资料已无从稽考。

另一种代表性说法是，将6月26日作为校庆日。老校长徐士瑚在《李提摩太与山西大学堂西学专斋》（载《山西大学学报》1984年第4期）一文中即持此说。其实，1902年6月26日（光绪二十八年五月二十四日）是西斋正式开学上课的日期，此时山西大学堂已宣告成立。

问题是，为什么至迟在20世纪三四十年代即将5月1日作为校庆日？查遍有关山西大学现有校史资料，对此没有任何明确记载，笔者在此做一大胆推测：查光绪二十八年五月初二（1902年6月7日），《中西大学堂改为山西大学堂西学专斋合同》二十三条（以下简称《二十三条》）由巡抚衙门盖印，中方代表山西布政使旲廷斌、山西大学堂总理谷如墉等，外国代表上海广学会总办李提摩太（Timothy Richard）、山西大学堂西学专斋总教习敦崇礼，双方在太原府签字。从此，经过一年多的交涉，双方终于在此日就李提摩太筹办之中西大学堂“归入山西大学堂办理”，同时成立中斋、西斋达成一致协议，随后才有6月26日的西斋开学典礼。时人或据朔望月取农历每月初一为朔日，遂定五月初一为校庆日。又，民国以后阴历改阳历，民间仍是“阳阴合历，你过你的年，我过我的年”，又将阴历五月初一沿用为阳历5月1日，或者干脆懒得去

山西大学堂创办人岑春煊

改，径直以阳历5月1日作为校庆日。以此“蛛丝马迹”推测延续数十年的校庆日，不禁惶然。确否，尚待史料的发现和高明指正。

那么，究竟山西大学的校庆日为何月何日？吾意应在1902年5月8日。

查光绪二十七年八月二日（1901年9月14日）清政府下诏复命“除京师大学堂切实整顿外，着各省所有书院于省城均设大学堂”（《光绪朝东华录》卷169）。翌年正月，山西巡抚岑春煊向朝廷上奏《设立晋省大学堂谨拟暂行试办章程》共六条，其中第二条“建学舍”云：

省城旧有晋阳、令德两书院，令德逼近衙署，局势偏狭，晋阳在城东南隅，旁多隙地，现已就晋阳基址，派员详加勘估需用工料银两，就地实无从筹划，应请恩准作正开销。惟学堂工竣需时，刻下所调各属生徒陆续至省，未便令其久候，拟先借贡院略加修葺，即于四月初一开办。俟学堂落成，再令迁入。

岑巡抚此折上奏后，光绪帝朱批曰：“选举一条，著管学大臣议奏，余著照所拟办理。”（《清实录·德宗实录》卷498）如此，岑春煊委派山西候补道姚文栋为督办、谷如墉为总理、高燮增为总教习，以文瀛湖南乡试贡院为

文瀛湖畔乡试贡院

临时校址，于四月初一如期开学。

查光绪二十八年四月初一为阳历 1902 年 5 月 8 日。5 月 8 日应是山西大学校庆日。

话分两头。3 月 30 日，李提摩太、敦崇礼、新常富一行由上海出发，途经北京、塘沽、正定、怀鹿、平定等地，辗转整整一个月时间于 4 月 30 日到达太原。时，山西大学堂已遵旨准备开学上课，双方又经一个多月的磋商讨论，终于达成在大学堂分设中斋、西斋的最后协议，山西大学堂西学专斋遂于 6 月 26 日开学。此是后话。

校训：
尊广道艺　登崇俊良

校训是学校规定的对学生具有指导意义的训诲。

校训与校徽、校歌一样，是一所学校的精神标志。一个好的校训应当充分体现这个学校的文化底蕴和传统积淀；一个特点鲜明、简洁明快的校训应当对在校师生和毕业校友具有很强的感召力。校训犹如“招牌”一样，也是一种面向社会的公开名片，能够为学校起到一定的宣传作用。

一般而言，一所学校（无论公立或私立）的校训总有其历史的渊源。此种渊源或是办学初衷、培养目标，或为某一时期校长或名人题训，这种校训往往给人一种厚重的历史感，而且往往能够流传久远。当然，也有一种时代感很强，甚至重复雷同的校训，但这种校训往往不会给人留下久远的印象，时下国内一些学校（无论大学、中学，甚至小学）不免也有此类的校训。

在笔者有限的见闻中，最具魅力的就是清华大学的校训——“自强不息，厚德载物”。此训源于《周易》乾坤二卦，卦辞为“天行健，君子以自强不息；地势坤，君子以厚德载物”。天穹的运势强健刚劲，君子应坚卓刚毅，发愤图强；大地的气势浑厚顺和，君子应增广美德，容载万物。象天法地，何等气魄！据载，1914 年，梁启超先生在清华大学做题为《君子》的讲演，以此勉励师生。此后，清华以此八字为校训，做图制徽，广为流传。又，早在 1911 年，《清华学堂章程》就提出“以进德修业、自强不息为教育之方针”。清末民初，以迄今日，清华大学的校训一以贯之，源远流长。

中山大学的校训为“博学、审问、慎思、明辨、笃行”。此为 1924 年孙中山在广东大学举行成立典礼时亲笔题写，源自《礼记·中庸》：“博学也，审问也，慎思也，明辨也，笃行也。”同时，中山大学这一校训也已融入校歌。天津两所知名大学的校训也都渊源深厚，南开大学的校训为南开历史上著名校长张伯苓提倡的“允公允能，日新月异”。天津大学的校训只有四个字——“实事求是”，此为建校初期北洋大学原校长赵天麟首倡。北京师范大学的校训为启功先生所撰“学为人师，行为世范”。国家会计学院的

清末山西大学堂牌坊

校训则是原国务院总理朱镕基所题“诚信为本，操守为重，坚持准则，不做假账”。在我看来，这些都是很好的校训。

当然，有些学校的校训也在不断的变化中，这种现象在一些历史悠久的学校可能更多一些，国内高等教育的重镇、创办于戊戌时期的北京大学可能即属此类。

历经 110 年风雨的山西大学，其校训也有一个变化的过程。笔者所知，自后往前倒溯，不同历史时期至少出现过如下四种：

2002 年，山西大学隆重举行百年庆典。总结百年办学经验，展望未来发展道路，提出十六字校训——中西会通，求真至善，登崇俊良，自强报国。

1992 年，山西大学举行建校 90 周年校庆，晋籍国家领导人薄一波同志亲笔题写校训——勤奋、严谨、信实、创新。并将此校训镌刻在新校门照壁背面。

第三种校训是在抗日战争时期。1937 年“卢沟桥事变”后，山西大学南迁，1939 年 12 月 23 日三原复校后，又因“国立风潮”迁址秋林镇虎啸沟。1944 年 1 月，《虎啸》月刊创刊，时任山西省政府主席兼山西大学校长阎锡山亲笔题词“精益求精”，以此勉励师生在艰难困苦的环境中日进以精，后人也有以“精益求精”为校训者。

最早的一种校训应为建校初期。1902 年山西大学堂成立后，先借文瀛湖南边乡试贡院作为临时校舍，后又以

文瀛湖畔皇华馆大学堂校址（1902年）

阎锡山

皇华馆学台衙门作为西斋临时校舍。1903年春季，根据《二十三条》第八条规定，大学堂“会请巡抚堪明地段”，以洋元四万之数购得侯家巷民地200余亩，兴建新的校舍。1904年仲秋新校舍主要建筑竣工落成。大门与照壁中间，特建左右对称的两座牌坊，左书“尊广道艺”，右书“登崇俊良”。

“尊广道艺”出自班固《后汉书》卷三《肃宗孝章帝纪》：

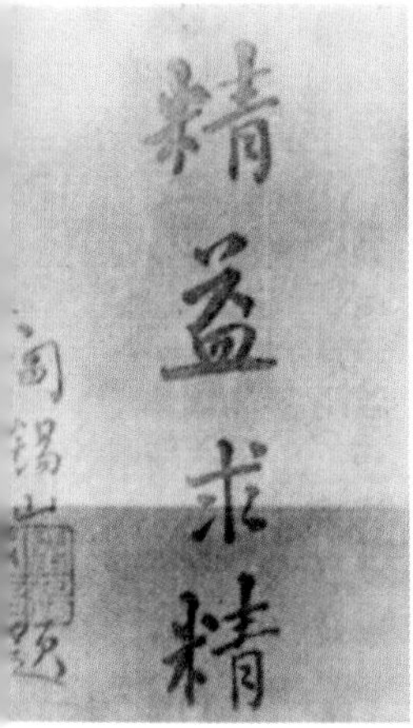

阎锡山题写的校训

盖三代导人，教学为本。汉承秦暴，褒显儒术，建立《五经》，为置博士。其后学者精进，虽曰承师，亦别名家。孝宣皇帝以为去圣久远，学不厌博，故遂立大、小夏侯《尚书》，后又立京氏《易》。至建武中复置颜氏、严氏《春秋》，大、小戴《礼》博士。此皆所以扶进微学，尊广道艺也。

“尊”者，尊敬、尊崇；“广”者，传授、传播也。“道”者，道德、道理、道义；“艺”者，技艺、才艺也。用现在的话来说，“道”可以理解为人文知识，“艺”则是对应的科学技术知识。“尊广道艺”今义就是尊崇传授人文和科学知识。

“登崇俊良”则出自唐代著名文学家韩愈名文《进学解》：

业精于勤，荒于嬉；行成于思，毁于随。方今圣贤相逢，治具毕张，拔去凶邪，登崇俊良。占小善者率以录，名一艺者无不庸。爬罗剔抉，刮垢磨光。盖有幸而获选，孰云多而不扬。诸生业患不能精，无患有司之不明；行患不能成，无患有司之不公。

“登”者，举荐、推崇；“崇”者，尊崇、尊重也；“俊良”即指才智优秀的人才。“登崇俊良”今义就是推举尊重培养有才识的人才。

综观本校不同历史时期的四个校训，笔者感到各有其时代特色，然“尊广道艺，登崇俊良”不仅为建校初期之校训，而且语出有典，简洁明了，最简单的理解就是传授知识，培养人才。或许是出于自己的专业偏好，笔者总觉得此八字校训具有厚重的历史感，她又是那么高度地凝练了大学教育之目标，这一目标在昨天、今天、明天都不会过时，而且历久弥新。

本书在 2002 年初版时，侯家巷校园里一座牌坊上的文字还未能考证出，只知道另一座牌坊上写有“登崇俊良”四字。没想到，办公室马彦奇同志居然根据大学堂老照片，利用现代技术，确认“尊广道艺”四字，这是需要向他表示感谢的。

校训的确定，是需要师生员工和校友共同参与的事情。一家之言，权且抛砖引玉。

中西合璧　好事多磨

近世以来，随着西方资本主义势力的侵入，中国传统的文物制度受到西方文明的直面挑战，西方侵略者挟其坚船利炮渗入到中国政治、经济、军事、文化各个领域。在这一过程中，非正义的侵略者同时往往又是代表新的生产力和历史前进方向的进步者，中国人一面以不折不挠的精神抵抗侵略者，另一方面又不得不为了强国富民而向西方不断学习，不断进步。这是一个二律背反的矛盾，这是一个痛苦尤烈的过程。由是，“中学为体，西学为用”成为晚清以来中国人处理中西关系的基本思维模式，任何一种新事物在中国的出现，几乎都要经过一番敌对——观望——审视——接受的过程。1902 年即已成立的山西大学堂，最初分设中学专斋和西学专斋，就是此种历史现象的显例，亦真可谓中西合璧，好事多磨。

中国近代最早的一批新式学校（时称学堂）大多由西方教会势力创办。世纪之交的义和团运动给朝野上下以极大震动，京师沦陷，皇室出逃，清政府不得不实施“新政”，以求“振作”。继戊戌期间命省城书院一律改设大学堂后，1901年9月清政府再次重申此令，新任山西巡抚岑春煊以“方今士习浮嚣，危言日出，全赖昌明正学，救弊扶颠”为念，遵旨将原设省城的令德堂书院和晋阳书院撤销，于1902年5月8日成立山西大学堂。首任督办姚文栋，总教习高燮增，总理谷如墉。

另一方面，当八国联军攻占北京，又将兵锋指向山西，长城岭、娘子关先后失守之后，时任山西巡抚岑春煊急电上海道台，希望时任上海广学会总办、“曾在晋省多年”的英国传教士李提摩太来晋负责解决晋省教案与商务问题。1901年5月，李提摩太由沪抵京，并向主持议和的全权大臣李鸿章递交《上李傅相办理山西教案章程》七条，其中第三条提出：

共罚全省银五十万两，每年交出银五万两，以十年为止。但此罚款不归西人，亦不归教民，专为开导晋人知识，设立学堂，教导有用之学，使官绅庶子学习，不再受迷惑，选中、西有学问者各一人总管其事。

李鸿章对此表示赞同，并将开办大学堂、延聘教习、安排课程、管理经费诸事交由李提摩太全权负责。同时，电告山西巡抚岑春煊遵照办理。由于娘子关一带局势尚未平静，李提摩太未能直接到并商谈，便转道返回上海。7月初，耶稣教各教会推出教士叶守真、敦崇礼、文阿德等8人为代表，前来太原商讨办理山西教案善后事宜。岑春煊以山西民穷财尽为由，对付银50万两开办大学堂事表示异议。后经李提摩太“叠次催促，函电往返”，岑春煊遂于9月派洋务局候补知县周之骧赴沪商谈。

周之骧与李提摩太的面谈并不顺利。周之骧对开办大学堂事宜提出四个条件：晋省所出50万两银不称罚款；西教师在校内不得宣传耶稣教；学堂不得与教会发生关系；西教师不得干预学校行政。李提摩太则坚持西人应主持校务，并以东南各省教会学校并无此等限制坚持己见，谈判曾一度陷于僵局。11月，经一再磋商，周之骧将与李提摩太商定的合同草案八条电呈山西巡抚岑春煊。其主要内容是：山西筹银50万两，分期交付李提摩太，开办中西大学堂。十年以内，学堂课程及延聘教习、考选学生，均由李主持；十年期满，学堂房屋及一切书籍仪器，概交晋省，并不估价；学堂延请总管及大教习中、西各一人；学堂即名中西大学堂；此中西大学堂与晋省大学堂并京师各省大学堂一样看待，学生也一样录用。岑春煊认为，合同中有关订课程、聘教习、选学生等项，“均由彼主政，未免侵我教育主权”一再电饬周之骧极力磋磨，李提摩太则“持之甚坚”。考虑到辛丑和议甫定，时局尚未大定，山西又是义和团运动期间“教案极巨”之省份，若谈判决裂，恐致将来为难，岑春煊与山西官绅多次筹商，最后“委曲求全，固与议定”。

1902年4月底，李提摩太及敦崇礼夫妇、新常富等被聘用的中西大学堂中外教习一行数人，由上海到达太原，准备中西大学堂开学事宜。不料，山西巡抚岑春煊遵照朝廷谕旨，已将晋阳书院与令德堂书院合并成立山西大学堂。李提摩太等人对此感到十分意外，甚至抱怨山西当局“保守”“狡猾”。新常富在其回忆录中写道：“在太原已经有一个中国的高等学府（进行国学教育），更狡猾的是，现在他们竟想采取第一个措施，试图把我们的学校拉进他们的学府里去，归它管辖，目的当然是把我们所搞的一切给刺拉掉。这对于我们的建校任务可是一个生死攸关的问题。”李提摩太仍然坚持己见，建议两校合并办理：一部专教中学，由华人负责；一部专教西学，由他自己主持，并将其拟改合同底稿提交巡抚考虑。

山西巡抚岑春煊认为，两校合并，“事关创举，未敢率允”，即饬署布政使吴廷斌、署按察使胡湘林、署冀宁道沈敦和，会同大学堂总理、在籍户部主事谷如墉暨省城绅士筹议，商讨归并办理有无流弊，并就外人所提交之拟改合同，详细察酌其权限是否分明。经山西官绅一段时期的详细讨论，得出归并办理可有五利的结论，沈敦和还提出两校合并后，一部取名中学专斋，一部取名西学专斋。为慎重起见，岑春煊“复发策遍询大学堂士子”，结果也是“主不归并者少，主归并者多”。苏慧廉在《李提摩太传》（山西大学外语学院本书翻译组译《李提摩太传》，香港世华天地出版社2002年版。以下简称《李提摩太传》）中对此记载更为详细：

商谈期间，反对派认为大学堂的士子是支持他们的，于是出一道“合并利弊论”，让士子们作。结果大出他们意料之外，因为在一百零八名士子当中，赞成合并的竟有六十八名之多，而反对合并的只有十三名。

此次中外“归并办理”的交涉，时间长达将近两个月。其焦点问题仍在传教及主权等问题。鉴于义和团运动的深刻教训，山西当局坚持教会不得干预学校，禁止在校内宣讲教义。李提摩太则坚持中外条约规定宗教自由，巡抚并无废约的权力。其他涉及主权者如订课程、聘教习、选学生等都是激烈争论的问题。双方旷日持久，接连交涉，几成僵局。敦崇礼曾心灰意冷地对新常富说：“现在最好是

1907 年的开学典礼

沈敦和

卷起我们的背包回欧洲去，只要我们不去用这笔钱在这里建什么大学，他们是愿意把钱给我们的。”最后，山西官绅在确定“可无牵涉传教之嫌”和“断无主权旁落之嫌”的前提下，终于同意将中西大学堂并入山西大学堂成立西学专斋。

1902年6月7日（阴历五月初二），双方签订《中西大学堂改为山西大学堂西学专斋合同》共二十三条。合同首先明确规定将中西大学堂改为西学专斋，“归入晋省奏议大学堂办理”；晋省筹款50万两作为西学专斋经费，请李提摩太代为经理，以十年为期，扣足十年或未届十年而款项用尽，均作为期满，交由晋省官绅自行经理；西学专斋学科分为四门：文学、法律、工程、医学，其他如西斋经费使用、学生食宿、学籍管理、考试毕业及教习聘任等均一一载明。合同还特别规定，西学专斋既议并入大学堂，即系中国国家学堂，“专斋课程只讲求各种有益之新学”，课程无论如何商订，均不得与规定所列学科稍有违背。倘有违背，或别有增立，可由巡抚立时将此合同作废，意在禁止校内宣教。《二十三条》既已签订，光绪二十七年（1901年）十月周之骧与李提摩太在上海签订的合同注销，新合同《二十三条》一式三份，一存山西巡抚衙门，一存山西大学堂，一存上海广学会，并勒石于大学堂内。

《中西大学堂改为山西大学堂西学专斋合同》签订后，

李提摩太任西学专斋总理

由岑春煊推荐，清廷委派沈敦和为大学堂督办，李提摩太则担任西斋总理。6月9日，岑春煊下令将太原城内最好的建筑物皇华馆学台衙门拨给李氏，作为西斋临时斋舍。当天下午，岑春煊在该处设宴为李提摩太饯行，次日李氏离并转京返沪。6月26日，西斋校舍整理完毕，正式开学。省城重要官员与士绅，中斋教习、学生及95名西斋新生参加了西斋开学典礼。山西巡抚岑春煊与西斋总教习敦崇礼在典礼仪式上分别讲话。6月26日应是西斋开学日，而非山西大学堂成立日。

山西大学堂是近代中国最早建立的新式大学之一，也是中西合璧，取长补短，办理颇有成效的大学之一。西学专斋归并原设山西大学堂内，为日后山西大学理科、工科、医科的发展奠定了良好的基础；为解决西斋教材问题而专设的上海译书院所译各类教材，许多成为全国高校的通用教材；最早的一批留学生，包括担任过山西大学校长的高时臻、王录勋等人，为本省经济、文化和教育事业更是做出了不可磨灭的贡献。瑞典国“格致”博士，时任山西大学堂西斋化学教员的新常富不无自豪地写道：“山西大学被认为是亚洲最好的大学之一。”

大学堂里的“洋教习”

如今中国大学中的外籍教师，即俗称的“外教”，大多集中在与洋文有关的院系和专业。至于流行的“兼职教授”“客座教授”等类的名目，对于远在重洋的外国专家和学者而言，确实只是一种“荣誉”，能够与中国教师一起在较长时间内比肩执鞭的外籍教师相信比例不会太高。我想，此种现象主要仍是得益于改革开放30多年以来，中外交流愈来愈广的社会环境。

岁月倒溯一百年，那时的中国是一个相对封闭保守、“华夷之辨”尚难逾越的时代。令人尴尬的是：面对列强，国人一直坚守民族心理的防线；欲救国家，又不得不学习西方先进的技术与文化。由是，教育首先承担起了培养“有用之才”，学习西艺西学的任务，而“西学”教师的缺乏

（在清末派留学生之前甚至可以说寥寥可数）却是遇到的第一道难题。唯一的办法只好是“外聘”，即聘请外国人担当传授西学的任务。近代中国最早的一批新式学校，包括洋务运动期间创办的“同文馆”“武备学堂”等多聘外籍教师，不过那时不叫教师，而称“教习”。等到义和团运动后，清政府命令开办大学堂，外籍教师在中国大学中形成阵容。京师大学堂、北洋大学堂的情况笔者没有研究，1902 年 5 月成立的山西大学堂，尤其是后来“归并”的西学专斋，确有一批学有专长并兢兢业业执鞭的“洋教习”，其数量之多可能与如今全省各高等学府中的外教总数在伯仲之间。

现存《山西大学堂西学专斋教职员题名碑》（以下简称《题名碑》）为我们提供了大学堂时期（1902—1911）西斋教职员的详细名单。此碑立于清宣统三年（1911 年）七月，现仍镶于侯家巷原大学堂工科楼门厅内东墙壁，由时任省咨议局副议长、省商会会长的襄汾人刘笃敬书写。《题名碑》共刻西斋教职员 36 人，其中竟有 15 人为外籍教师：

英国道学博士文学翰林西斋总理李提摩太
英国格致举人文学翰林西斋总教敦崇礼
英京大学堂学士皇家地学会员西斋总教苏慧廉

執照

給發執照事

大英國人山西大學堂西學專齋教習衛乃雅

迴據丁 奏請本部核准覆奏

賞給三等第一寶星宣統二年十二月初九日奉

旨允准註照章製造寶星一座並繕就執照一張

發交收執須至執照者

右 給

大英國人山西大學堂西學專齋教習衛乃雅收執

宣統三年二月初二日

清政府颁发给卫乃雅（Noah Williams）的执照

卫乃雅获得双龙宝星

英国大律师格致举人法律进士西斋副总教毕善功

瑞典国格致博士工学士西斋化学教员新常富

英国格致博士西斋工学教员裴爱仁

英国格致博士西斋文学教员燕瑞博

英国格致秀才西斋矿学教员莱门义

英国格致举人机器矿务公司会员西斋矿学教员李恒礼

美国歌伦比亚大学堂文学毕业士西斋文学教员马尔东

英京师范学堂教员文学博士西斋文学教员克德来

英国陆军武员西斋体操教员季成信

英国格致博士矿务工程研究会员西斋矿学教员卫乃雅

英国格致进士西斋物理学教员华林泰

英国格致博士西斋工学教员欧师德

应该指出的是，《题名碑》与现代翻译，确有不一致的地方，如“哥伦比亚”译作“歌伦比亚”，“科学（或哲学）”译作“格致”。更令人不解的是，清政府所赐的头衔也与西方的学位一股脑儿联结并用，以致“博士”“学士”“翰林”“进士”交错出现，如李提摩太的完整题名是：“头品顶戴二等双龙宝星三代正一品封典英国道学博士文学翰林西斋总理李提摩太”，毕善功的题名是：“二品顶戴二等第三宝星英国大律师格致举人法律进士西斋副总教毕善功”。重要的是，首批大学堂的外籍教师，不仅在人

山西大学堂西斋总教习苏慧廉

清末部分外籍教师合影

1907 年全体教职员在大礼堂前合影

数上是迄今为止山西大学外教最为集中和最多的时期，而且他们为山西大学堂的最初创办及西学的传播，尤其是对西学专斋的教学实践、体制革新等做出了不可磨灭的贡献。苏慧廉不无自豪地写道：“西斋取得的成就，在当时的中国是无可匹敌的。”自然，这种荣誉与西斋中“洋教习”的努力也是分不开的。

李提摩太：山西大学堂的创始人

李提摩太自1870年来到中国，直至1916年辞别中国，在华传教整整45年。他的一个梦想就是在当时中国的十八个行省各建一所大学，这个梦想在山西大学堂最终得以实现，而实现这个梦想的路途又是那样的艰难曲折。

1845年，李提摩太出生于威尔士一个名叫法尔德普林（Faldybrenin）的小村庄，受家庭的影响，李提摩太10余岁便开始信奉浸礼教。1869年春天，浸礼会批准了他前往中国传教的申请。11月17日，搭乘"亚克利"号轮船从利物浦出发，李提摩太开始了他的东方之旅。1870年2月12日，李提摩太经过近三个月的海上航行抵达上海，随后被派往山东烟台传教。从此，李提摩太"开始以前所未有的精力和毅力学习中文"，改穿中国服饰，甚至"削了头发，

山西大学堂创办人李提摩太

少年时代的李提摩太

做上了一条假辫子”。在山东传教的过程中，他还去过宁海、济南、青州、天津、直隶、山西各地，甚至较为遥远的满洲。他经历了“海上惊魂”，“途中中暑”，“遭遇劫匪”种种“奇景怪事”，结识了中国各地的民众及各类宗教徒。1875年，他还第一次接触到时在烟台准备签署中英《烟台条约》的江苏总督李鸿章。

光绪二年（1876年），华北地区出现了百年不遇的严重旱灾。旱情最为严重的山西、河南、陕西、直隶、山东

24 岁的李提摩太

40 岁的李提摩太

60 岁的李提摩太

五省处处“薄收”，甚至“寸草不收”，许多地方出现了人吃人的现象。时在山东传教的李提摩太多方筹集款项，发放救济，向地方政府献策救灾，积极参与了当地的救灾活动。当他得知山西的灾情比山东还要严重的消息后，毅然答应上海赈灾委员会的请求，决定到山西进行救灾工作。就是在这场“耗户口累百万而无从稽，旷田畴及十年而未尽辟”（时任山西巡抚曾国荃语）的大旱灾来临之际，李提摩太走进了山西，从此与山西结下不解之缘。

1877 年 11 月，一个非常寒冷的冬季，李提摩太带着直隶总督李鸿章给他的一张特别通行证，骑着骡子来到山西首府太原。顾不得一路辛苦跋涉，他首先去拜会时任山西巡抚、曾国藩的弟弟曾国荃，“以便让他清楚地理解我来山西的原因”。然而，曾国荃认为他的到来只是收买人心，灾荒期间更容易使民众对政府离心离德，因此显得“非常生气”。无奈之下，1878 年 1 月 28 日，正是中国农历的大年初二，李提摩太骑着一匹骡子，从太原出发前往受灾严重的山西南部“以考察灾荒的严重程度”。太原往南，榆次、太谷、平遥、介休、洪洞、临汾，直到最南部的蒲州，一路的惨不忍睹，一路的隐忍揪心，十四天后李提摩太回到太原府。他一面将了解到的“山西可怕的灾情”写信寄往伦敦及上海等地的宗教团体，以求多方募集款项，一面向巡抚曾国荃提出包括修筑铁路等三条救灾措施。这段时间，李提摩太像成千上万嗷嗷待哺的灾民一样，也在急切地等待着救灾款项和物资的到来。

1878 年秋季，从伦敦筹集的款项终于通过电汇到了上海。然而，由于中国尚无电报，只能通过船只运输银子。当时的银锭一块 50 两，一箱可装一千或两千两。为安全起见，李提摩太又通过李鸿章特别派遣一队军士，押运 20 万两银子到太原。这批银两对灾情严重的山西真是雪中送炭，李提摩太对此十分珍惜，他对发放的地区和具体工作都做了精心准备。在之前亲身考察的基础上，他选择了灾情最为严重的平阳府，寒风凛冽的冬季，他在平阳府待了四个月时间从事赈灾工作。为了杜绝地方官员劣绅的私吞克扣，他决定直接把银子发放到每个家庭。发放之前的几天时间里，他们又雇用当地的一些铁匠燃起炉火，将每块50两的银锭再切割成更小块的银锭，以便相对均等地直接发放给灾民。长期的内心煎熬和劳累，李提摩太染上痢疾病倒了，他“不得不被人们用担架抬到了平阳府”。山西民众对李提摩太“心怀感激”，李提摩太讲道：他们曾派代表到我的住处索要我的照片，以便“供奉在他们的神庙里，永远感念我们的恩情”。之前对李提摩太的到来“非常生气”的山西巡抚曾国荃，特别给李提摩太“写了一封充满赞美之词的信”，代表山西千千万万的民众对他表示感谢（见李提摩太著，李宪堂等译《亲历晚清四十五年——李提摩太在华回忆录》，人民出版社2011年版，第107—124页）。

赈灾工作结束之后，李提摩太继续留在山西从事传教活动，他开始思考导致灾荒及民众如此贫困的原因。他在太原“买了一座三进院落的大宅第”，花费将近一千英镑用于购买科学仪器和书籍，什么望远镜、显微镜、分光镜、手动发电机、电流表、电压表、幻灯机、照相机等科学器材，什么天文学、电学、地理学、自然史、工程学、机械学、医药学、百科全书等各类书籍，可谓五花八门，应有尽有。他相信，“如果通过向官员和学者们做一些演讲，使他们对科学的奇迹产生兴趣”，就可以为他们的同胞谋取福利，就可以影响他们去修建铁路、开掘矿藏，以免饥荒再度发生，将民众从赤贫中解救出来。传教演讲的同时，李提摩太始终将兴办教育挂在心头，他不断地向各级政府官员和伦敦的浸礼会建议“在每个省的首府建立一所学校”，可谓念兹在兹，努力以赴。

1900 年，20 世纪的第一个年头，轰动中外的义和团运动为李提摩太实现梦想提供了契机。是年夏季，义和团轰然起于山东，8 月 14 日联军攻陷北京，西太后慌乱中携光绪皇帝出逃，一面下谕各地“痛剿拳匪”，一面电诏李鸿章任议和全权大臣。李鸿章这个时候想到了最有影响的外国人士，也就是他的老相识李提摩太，他邀请在上海的李提摩太北上，要他协助处理山西教案的善后事宜。李提摩太坦言：“因为在山西生活了很多年，在赈灾过程中又为当地官民所熟知，我被选中与全权大臣协商处理此事。”李提摩太于 1901 年 5 月 14 日由沪抵京，月底向李鸿章提交《上李傅相办理山西教案章程》七条，其中第三条提出：从赔款中拿出 50 万两白银，每年 5 万两，以十年为期，用来在太原建立一所西式大学。当这个建议获得李鸿章的肯定后，李提摩太便兴奋地投入到建校的筹办工作中。

1901 年 7 月 9 日，李提摩太派出耶稣教教士叶守真、敦崇礼、苏慧廉等八人，由清兵护送到达太原，商谈“开办中西大学堂”及其他善后事宜，不料时任山西巡抚岑春煊却以山西“民穷财尽”提出异议，开办大学堂一事未能达成一致。11 月，洋务局候补知县周之骧赴上海与李提摩太签订《晋省开办中西大学堂合同八条》（以下简称《八条》），李提摩太心目中的山西大学堂就这样成立了，在他的心目中，山西大学堂创立的时间就是 1901 年！

在现存美国耶鲁大学李提摩太的卷宗中，我们意外地发现了一份 1902 年 7 月 10 日李提摩太写给伦敦浸礼会传教会总干事贝尼斯（Baynes) 的亲笔信，此信的内容无非是汇报已经成立山西大学堂，李鸿章支持他翻译统一的教科书云云。让笔者感到眼睛一亮的是，在这封已经印制好的信纸抬头，明确地标示着山西大学堂创办于 1901 年，总办公室设在上海江西路 41 号，大学堂的主持者为山西巡抚（行按：注意并没有署名）和李提摩太牧师。实在是令人感慨，为了实现自己“在中国十八行省每个省的首府设立一所大学”的梦想，李提摩太牧师是那样的投入，甚至有点急不可待了。

让李提摩太意想不到的是，周之骧与他签订的《八条》并没有落到实处。1901 年 9 月，清政府下诏“着各省所有书院于省城均设大学堂”，山西巡抚岑春煊关于设立山西

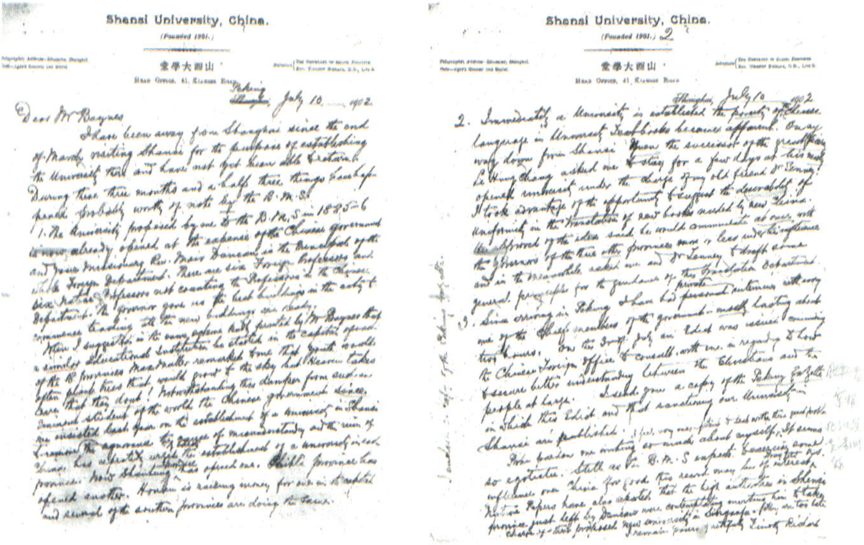

Shansi University, China.

(Founded 1901.)

山西大學堂

Head Office, 41, Kiangse Road

Peking, July 10 1902.

Dear Mr Baynes

I have been away from Shanghai since the end of March visiting Shansi for the purpose of establishing the University there and have not yet been able to return.

During these three months and a half three things have happened probably worthy of note by the B.M.S.

Shansi University, China.

(Founded 1901.) 2

山西大學堂

Head Office, 41, Kiangse Road

Shanghai, July 10 1902

李提摩太写给伦敦浸礼会传教会总干事贝尼斯的亲笔信

大学堂的奏折得到光绪皇帝朱批后，山西大学堂即于1902年5月8日如期开学。3月底，李提摩太一行自上海出发，于4月底到达太原，再经过一轮艰苦的谈判，终于达成《中西大学堂改为山西大学堂西学专斋合同》的二十三条，西学专斋也在6月26日正式开学，李提摩太实现了在山西建立大学的梦想。离开太原准备南下上海之际，他显得非常开心。他的同事，后来曾任西学专斋第三任总教习的苏慧廉记述道：

当天下午，巡抚邀请省城官绅来参加为李提摩太举行的告别宴会。在宴会接近尾声时，李提摩太起身致辞，对巡抚的热心表示感谢，并对山西能有这样一位好巡抚表示祝贺，因为巡抚在任期间着手推行了山西省前所未有的两项伟业：一是创办了一所近代大学，以便与其他国家在教育方面齐头并进；一是开始修建一条铁路，山西人民将会从这条铁路获益匪浅。说到这里，巡抚打断了李提摩太的话，他起身高声说道："不！不！这两项伟业应当归功于你。若你不在山西，它们将无法得以实行。"这样，李提摩太早期对山西抱有的梦想终于实现了。（苏慧廉著，山西大学外语学院本书翻译组译《李提摩太传》，香港世华天地出版社2002年版，第217页。）

南下上海后，李提摩太即在沪成立山西大学堂译书院。1908 年，李提摩太重访太原，又一次受到热情的欢迎。时任山西省咨议局议长梁善济（行按：1911 年梁曾撰写《山西大学堂设立西学专斋始末记》，碑存侯家巷大学堂旧址）召集省城大中专院校 2000 多名学生，会聚一堂，向李提摩太一行致意。1910 年 11 月 13 日，在《二十三条》尚未届满之时，李提摩太在太原将山西大学堂西学专斋的管理权移交给地方政府，并且“举行了交接仪式”。在他的回忆录中，李提摩太坦然地讲道：“考虑到现代教育已在山西深深扎下了根，永远不会被人拔除了，我想向政府官员和学生们表明，我不打算将学校的控制权掌握到最后一分钟——十年合同期到 1911 年春天结束。于是我决定立即将学校管理权移交给中国政府。11 月 13 日，举行了交接仪式。”

从 1902 年 6 月 7 日签订《二十三条》，山西大学堂设立西学专斋，到 1910 年 11 月 13 日西学专斋的顺利移交，李提摩太实现了他在中国建立大学的梦想，他的心情是欢乐的。而山西人“那种普遍的欢乐和感激之情”也是超乎李提摩太预料的。

敦崇礼：
西斋首任总教习

1902 年 6 月 7 日《中西大学堂改为山西大学堂西学专斋合同》二十三条签订后，山西大学堂从此分作中学专斋和西学专斋两部分。此体制一直维持到 1911 年 11 月 13 日西学专斋全部交还山西大学堂。西学专斋第一任总教习是一位“精明强干，热心教育事业”，最后以年仅 45 岁辞世于大学堂的英国人敦崇礼。

敦崇礼（Moir Dunkan）,1861 年出生于苏格兰一个贫穷的小庄园主家庭，早年因为家庭人口众多而外出闯荡，一位乐善好施的有钱人帮助他完成了中学学业，后来敦崇礼进入苏格兰格拉斯哥大学学习并获硕士学位，又入世界著名的牛津大学学习汉语及中国经史。1888 年，敦崇礼作为浸礼会传教士来到中国，首先在太原传教并学习汉语，

西斋首任总教习敦崇礼

随后被调至陕西传教。在陕西主持全陕浸礼会传教工作期间，敦与陕西巡抚端方往来密切，关系融洽。1900 年义和团运动期间，当端方接到西太后杀绝洋人的密电后，端方暗地通知敦崇礼火速逃离陕西。正是在端方的帮助下，敦崇礼得以与浸礼会陕西同人安全抵达汉口。当年 7 月八国联军侵占北京后，敦崇礼以英国政府襄办北京地方事务身份，及时阻止了德国军队对端方京师府邸的洗劫，亦可谓投之以桃，报之以李。据载，敦崇礼在陕期间“名誉籍甚，颇洽时望，其地官绅，交口诵之”。

1901 年 7 月，受李提摩太委派，敦崇礼同叶守真、文阿德等 8 位教士，按照李氏《上李傅相办理山西教案章程》七条来太原办理执行章程事宜，与山西官绅多有接触。翌年 4 月，在李提摩太与周之骧谈判的基础上，李提摩太率领已聘请的中西大学堂教习敦崇礼、新常富等人到达太原，准备中西大学堂开学事宜。不料，山西方面已遵旨将晋阳书院和令德堂书院合并成立山西大学堂，从此双方进入旷日持久的谈判交涉中。除李提摩太外，外国方面与山西官绅接触最多者当属敦崇礼。6 月 7 日，《中西大学堂改为山西大学堂西学专斋合同》二十三条签字上报，李提摩太即委派敦崇礼为首任西学专斋总教习。

《二十三条》签订后，李提摩太即离并返沪，后来一直在上海主持广学会事务，西学专斋的校务实际上由担任

敦崇礼纪念碑

太原东山敦崇礼墓

总教习的敦崇礼一手主持。敦氏是一位热心教育的实干家。他不仅亲身与员工一起参加整饬校园、安装设备的具体工作，而且主持校务，还登坛授课，与山西官绅出面交涉，安排外籍教师的食宿起居，真可谓事必躬亲，勤劳操持。他还是一位精明严肃的教育家。当学生们抱怨功课太多的时候，他鼓励学生踢足球，做早操，以减轻沉重的学习负担；

当逃学和旷课现象增多时，他想出与学生签订协约的办法，来保证学生们在三年内的正常学习。正是在他的主持下，西学专斋在人才培养、教学科研中取得了巨大成就。他诚挚实干的精神，赢得了师生的交口赞誉。大学堂的师生们曾经送给敦崇礼先生一个绰号——“三快”，吃饭、讲话和走路总是急急忙忙，干脆利落。与敦崇礼一起共事多年的瑞典籍化学教师新常富以极为佩服的口气写道：

关于这位敦崇礼，我写的可能太多了一些，不过我确实是佩服他。他是一位能把人类向前推动一步的人，他是一个通过自己的诚挚勇气和坚定的基督徒品格，为其他人树立好榜样的人。他是一个开诚布公的人。我真希望他是一个瑞典人。

“晴天一声霹雷！”（新常富语）1905 年 11 月突然传来敦崇礼先生严重咳血并发烧的消息，经诊断，敦氏患了肺结核病。1906 年 8 月敦崇礼先生静静地辞世于山西大学堂西学专斋总教习任上。据新常富讲，敦氏于西学专斋鞠躬尽瘁，“积劳成疾”，校内同人及山西各界人士对其早逝无不表示万分悲痛。

敦崇礼去世后，大学堂同人遵照他的遗愿，将其遗体安葬在太原东山高高的山顶上，并在墓地“树立了一块用

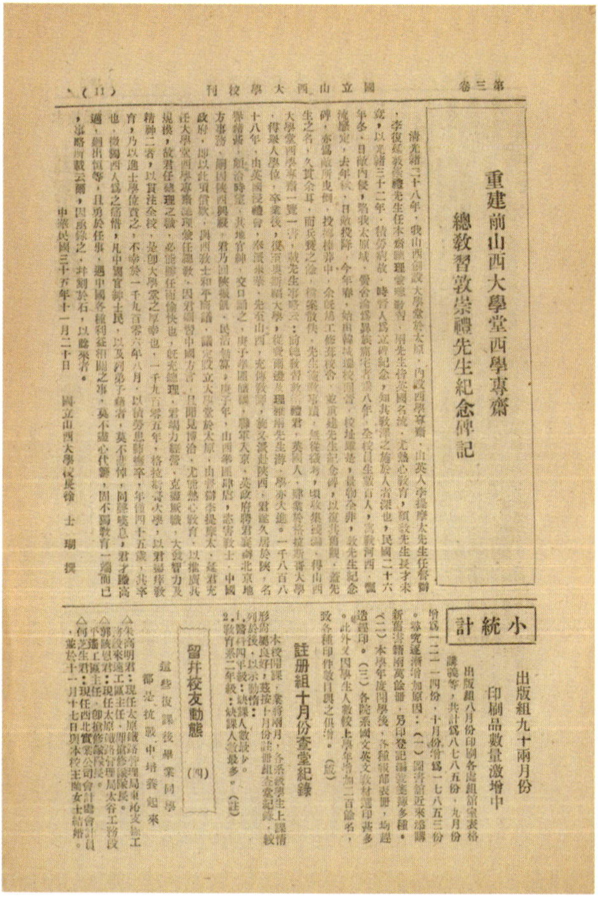

第三卷　國立山西大學校刊　（11）

重建前山西大學堂西學專齋總教習敦崇禮先生紀念碑記

清光緒二十八年，我山西創設大學堂於太原，內設西學專齋，由英人李提摩太先生任督辦，李復延敦崇禮先生任本齋總理兼總教習，爲先生爲英國名流，尤熱心教育，頗該先生長才未竟，以光緒三十二年，積勞病故，時晉人爲立碑紀念，知其教澤之施於人者深也，民國二十六年冬，日敵內侵，略我太原城，僅余尚留縣校辦理先後八年，全校員生數百人，高教河西，甌流靡定，去年秋，日敵投降，今年春，始由韓城遷校回晉，校址罹劫，景物全非，故先生紀念碑，亦爲敵所曳倒，投擲棒莽中，余既爲工修葺校舍，並重建先生紀念碑，以復其舊觀，並蒐先生之名，久貫余耳，而兵燹之餘，檔案散佚，先生遺事遺蹟，無從徵考，頃攻集諸[illegible]，得山西大學堂西學專齋一覽一書，載先生事略云：「前總教習敦崇禮君，英國人，肄業於格拉斯哥大學，得學人學位，卒業後，從至與新昌大學，從發爾德及理雅兩先生游，學寿大進。一千八百八十八年，由英國浸禮會，奉派來華，先至山西，充傳教師，後又派赴陝西，君旋久居於陝，名譽籍甚，頗洽時望，其地官紳，交口譽之，庚子拳匪構禍，聯軍入京，英政府聘君襄辦北京地方事務，嗣因陝西興嚴，君乃回陝振飢，民活無算。庚子年，山西拳匪肆虐，慘害教士，中國政府，即以此項償款，與西教士和平商議，議定設立大學堂於太原，由晉撫岑，李提摩太，延君充任大學堂西學專齋總理兼任總教，因君嫻習中國方言，且聞見博洽，尤篤熱心教育，以推廣其規模，故君任總理之職，必能勝任而愉快也，既充總理，君竭力經營，克盡厥職，大發智力及精神二者，以貫注余校，是即大學堂之厚幸也，一千九百零五年，格拉斯哥大學，以君歸葬教育，乃以進士學位贈之，不幸於一千九百零六年八月，以積勞患肺病卒，年僅四十五歲，其卒也，僅獨西人爲之痛惜，凡中國官紳士民，以及列弟子諸者，莫不悲悼，同深嘆息，君才識高遠，倜出恆等，且勇於任事，遇中國各種利益相關之事，莫不盡心代籌，固不獨教育一端而已，」事略所載云爾，因承錄之，并刻於石，以饗來者。

中華民國三十五年十一月二十日　國立山西大學校長徐士瑚撰

小統計

出版組九十兩月份印刷品數量激增中

出版組八月份印刷各處組部室表格講義等，共計爲八七八五份，九月份增爲一二二一四份，十月份增爲一七八五三份。尋究逐漸增加原因：（一）圖書館近來添購新舊書籍兩萬餘冊，另印登記圖書卡簿多種。（二）本學年度開學後，各種報部表冊，均趕速趕印。（三）各院系國文英文教材選印甚多。此外又四學生人數較上學年增加二百餘名，致各種印件數目與之俱增。（嚴）

註册組十月份查堂紀錄

本校開課，業將兩月，各系級學生上課情形尚屬良好，茲按十月份註册組查堂紀錄，較列於後，以示勤惰：

1. 醫科四年級：缺課人數最少。
2. 教育系二年級：缺課人數最多。（註）

留幷校友動態（四）

這些復課後畢業同學都是抗戰中培養起來

△朱高明君：現任太原鐵路管理局東北支線工務段來遠工區主任，即兼修隊隊長。

△郭藕恩君：現任太原鐵路管理局太谷工務段平遙工區主任，即兼修隊隊長。

△何芝生君：現任西北實業公司會計處會計員，並於十一月十七日與本校王陶女士結婚。

敦崇礼纪念碑碑文

山西大理石制作的纪念碑”。1917年，山西大学兴建工科楼时，在大楼正门内西侧壁上镶嵌了一块五尺见方的大理石碑，以纪念他对西学专斋的特殊贡献。

抗战爆发后，山西大学漂流不定，1946年重返太原，“校址虽是，景物全非，敦先生纪念碑，亦为敌所曳倒，投掷榛莽中”。时任校长徐士瑚毅然决定重建敦先生纪念碑，遂据《山西大学堂西学专斋一览》所载原敦碑文字，刻石树碑，以复旧观。为保存这一珍贵史料，现敬录敦碑于后：

前山西大学堂西学专斋总教习敦崇礼事略

前总教习敦崇礼君，英国人，肄业于格拉斯哥大学，得举人学位。卒业后，复至奥斯福大学，从费尔边及理雅各两先生游，学亦大进。一千八百八十八年，由英国浸礼会，奉派来华，先至山西，充传教士，旋又派赴陕西，君遂久居于陕，名誉籍甚，颇洽时望，其地官绅，交口诵之。庚子拳匪祸乱，联军入京，英政府聘君襄办北京地方事务，嗣因山西兴祲，君乃回陕振饥，民活无算。庚子年，山西拳匪肆虐，戕害教士，中国政府，即以此项偿款，与西教士和平商议，议定设立大学堂于太原。由督办李提摩太，延君充任大学堂西学专斋总理兼任教习，因君娴习中国方言，且闻见博洽，尤能热心教育，以推广其规模，故君任总理之职必能胜任而愉快也。即充任总理，君竭力经营，克尽厥职。大发智力及精神二者，以贯注全校，是即大学堂之厚幸也。一千九百零五年，格拉斯哥大学以君尽瘁教育，乃以进士学位赍之，不幸于一千九百零六年八月，以积劳患肺痈卒，年仅四十五岁。其卒也，微独西人为之痛惜，凡中国官绅士民，以及列弟子籍者，莫不悲悼，同声叹息。君才识高迈，迥出恒等，且勇于任事，遇中国各种利益相关之事，莫不尽心代筹，固不独教育一端而已。

一千九百零六年九月 山西大学堂 立

又，山西大学百年校庆前夕，在有关人士的帮助下，敦崇礼先生的墓地已被发现。校方毅然决定修葺敦氏墓地，以纪念这位为山西大学做出重要贡献的外籍人士。

不该忘记的新常富

外籍教职员于山西大学堂西学专斋的成立和发展功莫大焉。然而，人们除了对创办人李提摩太，总教习敦崇礼、苏慧廉有或多或少的了解外，绝大多数教职员至今仍湮没无闻。历史不应忘记他们，山西大学尤其不应忘记他们。

在众多的外籍教职员中，我对新常富情有独钟。这是因为：他不仅是当时大学堂内最年轻和任职时间最长的外教，而且是一位性情活跃、勇于实践，为山西大学乃至山西社会的发展做出过重要贡献的人。新常富，一个极富浪漫色彩的名字，这是他自己所取的中文名字——新、经常、富有。

新常富原名尼斯特乐姆（Nystrom），出生于瑞典一个上院议员家庭，早年毕业于乌普萨拉大学，获工程师和

瑞典籍化学教师新常富

哲学学士学位。1902 年新春伊始，尼斯特乐姆只身从那不勒斯港口登船向上海进发，经月余左右时间的航行，“无人知晓地出现在异族熙熙攘攘的人群当中”。

尼斯特乐姆到上海的初衷是“能在中国很快找到一份心满意足、报酬丰厚的工作”。但现实并不如此美妙，他为了找到一份工作走访过不少的公司，甚至在上海一份颇有影响的大报——《北华捷报》登了一条待聘广告，结果仍然不能如愿。就在此时，经一位美国博士巴蕾介绍，尼斯特乐姆结识了忙于筹建中西大学堂的李提摩太，一周之内，在“没有什么犹豫和讨价”的心绪中欣然受聘于中西大学堂。从此，尼斯特乐姆不仅在中国找到了自己喜爱的工作，而且有了自取的中国名字——新常富。

李提摩太既已聘请新常富为大学堂化学教员，新常富马上投入到筹办将要运往山西的化学仪器和设备的工作当中。在 1902 年 3 月 27 日发往瑞典的家信中，新常富对自己未来的工作和生活已做出设想：

第一段时间，在我的中国话能讲通之前，我将装备实验室和准备讲稿，接下去将对从山西各地矿区采集来的样品进行分析，以便对这些东西有个概念。如果有时间的话，我还打算骑着那匹我对叶达提到过的小马（行按：叶达是新常富的妹妹）出去做几次短途旅行。因此，我做了一件

新常富拍摄的山西大学堂标枪选手

新常富瑞典文版《精彩的中国》摄影作品——山西河津龙门渡口

有很多口袋的上衣，就像一件猎装似的。

后来的事实证明，新常富的设想基本得到实现。1902年4月底，李提摩太、敦崇礼、新常富一行由上海到达太原。6月7日关于中西大学堂归并山西大学堂的合同签订后，年轻有为的新常富即投入到安装设备及教学实验的紧张工作中：每天早晨7点开始与瓦匠们一道工作；下到几十米深的水井中安装水泵；爬到高高的电线杆上装电线；安装连接中斋和西斋的第一部电话；1902年暑假带着全部家当去晋祠做“民间漫游”；带领学生做体操、踢足球；在化学实验中，因蒸馏瓶爆炸食指被烫伤，因氧气罐爆炸左手被炸伤；每星期上18节化学课；用汉语为学生做关于铁路的报告；读《西厢记》《红楼梦》等中国名著；完成《化学教程》教本……这就是年轻爱动、精力旺盛的新常富，大学堂的讲台、实验室、操场和劳动工地无不活跃着他矫健的身影。

作为山西大学堂的化学教员，新常富对化学的教学与研究，尤其是对山西矿产的调查研究做出了不可磨灭的贡献。早在1905年，西斋学生就根据新常富的自编英文化学讲义，刊印过中文活字版的《无机化学》，1908年，该书经新常富增补后再由商务印书馆出版，成为国内流行的化学教科书。1913年，在大量实地调查和教学实践的基础

新常富著《无机化学》

新常富主持山西龙门公路地质队

上，新常富所著《晋矿》一书公开出版发行。该书分为山西地理、黄土、农事、天气、人口、商务、风俗、地质、各种矿藏之化学分析等部分，并对未来山西开发矿产资源提出具体建议与设想。书末新常富“不禁为山西大声贺曰：三晋，三晋，尔诚世界未来一大主人翁也”。1920 年，受

万国地质学会和瑞典皇家博物馆资助，经中国政府批准，“瑞华地质调查会”在山西大学成立，作为山西大学地质学教授的新常富亲任该会会长，会址就设在他居住的二层小洋楼上。瑞华地质调查会成立后，新常富即根据培养杰出的地质人才，利用野外地质勘查搜集更多的标本化石，发表较高价值学术论文的宗旨，积极开展工作，山西大学工科采矿学的在读和毕业生成为该调查会的主要会员。据载，山西大学毕业生孙健初以该会会员身份曾骑着毛驴到五台山、雁门关、交城等地进行长时间的实地勘察，在大量调查基础上写成《山西太古界地层之研究》一文，经新常富推荐，发表于1928年出版的《瑞华博物考察会会刊》，不久又被《中国地质学会会刊》全文刊登。该文受到地质界权威翁文灏的赞赏，1929年遂将孙健初调入“中央地质调查所”。应当指出的是，当时中国各大学中开设地质专业者寥寥无几，山西大学“瑞华地质调查会”为国家培养了许多一流的地质人才，新常富的功绩当然不该忘记。

山西大学历史上的外籍教师难计其数，但新常富是任职时间最长的一位。他自23岁受聘于山西大学堂，一直到1920年辞职离去。可以说，新常富将他的黄金年华献给了山西大学，献给了中国人民。或许，这也是山西大学校史上的一最。

“新斋工程案”小考

山西大学堂初创时期，曾经发生过一起“新斋工程案”，用现在的话说就是一起基本建设工程“舞弊”案。现根据相关史料对此进行一番小小的考证，意在使后人铭记创校之曲折艰难。

1902 年 5 月 8 日，在经过了一个中西双方长期协商讨论的磨合过程后，山西大学堂正式开学。不是兵马未动粮草先行，而是戏单已出戏台无觅，校舍问题并没有着落。唯一的办法就是暂借校舍应付局面，待新校舍建成之后，再行迁入。其实，这样一个办学的基本问题，山西最高长官——巡抚岑春煊早已擘画在胸。1902 年春，岑春煊向朝廷上奏《设立晋省大学堂谨拟暂行试办章程》六条，内中提及：“惟学堂工竣需时，刻下所调各属生徒陆续到省，

山西大学堂学生宿舍区

山西大学堂实验室一

山西大学堂实验室二

山西大学堂实验室三

未便令其久候，拟先借贡院略加修葺，即于四月初一开办。俟学堂落成，再令迁入。”这里暂借的“贡院”就是文瀛湖南边的“乡试贡院”，此为中学专斋的临时校舍，而西学专斋则以皇华馆学台衙门西院为临时校舍，这就是西斋瑞典籍化学教员新常富津津乐道的“皇家花园”。

新校舍建设的推动者仍是巡抚岑春煊。1902 年秋季，根据《中西大学堂改为山西大学堂西学专斋合同》二十三条之第八条规定，大学堂“会请巡抚勘明地段”，在岑春煊的主持下以洋元四万之数购得侯家巷民地 200 余亩，以为新建校址。其建设经费从西斋经费项下支取，由西斋总教习敦崇礼全面负责其规划和设计。校址、经费、负责人等大事俱备，新校舍的兴建可谓“只欠东风”。

山西大学堂实验室四

山西大学堂讲演室

问题出在具体的兴建过程中。据 1903 年 7 月 20 日西斋总教习敦崇礼一份致时任巡抚张曾敭的函件来看，新校舍开工之后遇到了四个方面的具体问题：

一是“筹建之时，意见之不合也”。本来，按照设计，正讲堂的大梁需要用三丈以上的大料。“监工委员”认为如此大料在山西恐怕难以购办，但有“晋工坚称”，山西不乏这样的梁材，可以随时购得；又有“晋工”以为，可以不用木材而全用砖瓦，且可以造桥之法造之；甚至有“京中常包巨工之人”称言，纵使山西无此大料巨木，也可以从天津和日本购运，如果顾虑路远费繁，也可以用短料进行建造。可以看出，这里的“意见之不合”，实质上就是监工委员以山西难以购办大料欲“迁就以图省事”，而“各工”均跃跃欲试，各显神通，坚称办法有的是。敦崇礼则不想“苟安目前”，此其为难者之一。

二是“开工之先，料物不早备也”。早在敦崇礼先生向督办及监工委员呈交校舍设计图时，就一再强调砖瓦木料等应当早日备齐，以免工程延期。不料距离完工期仅有40多天之时，“而料尚未齐，遑言建造”。敦崇礼着急的是，大门、客厅、总教及西教住宅、正讲堂、课堂等主要建筑至此仍无着落，转眼间天寒地冻，即使添加人力，也会束手无措。且暂时借住的皇华馆在阴雨天“异常渗漏”，终难长久借住，“进退趑趄，殊无把握”，此其为难者之二。

三是“工料粗劣，丈尺之不符也”。新校舍开工之后，敦崇礼早已将有关图纸呈交，且随时与督办及有关人员筹商，要求各工头严格按照工程单所示料物尺寸及造法进行。出乎意料的是，工程尚未过半，已有房屋倾颓，检验梁柱，均为两截旧料，“朽而且细”，造法、尺寸均与工程单不符，实际上就是偷工减料。虽然已经查出，商议更换，但“限期已迫，悔若噬脐”，此其为难者之三。

四是“催之稍亟，辄思推诿以卸过”。偷工减料的工程问题已经查出，监工委员竟然埋怨西斋“操之过急”，以为问题出在西斋，以后有关工程问题“更难望其留心查察”。敦崇礼感到之后的工程“不可测矣”，此其为难者之四。

按敦崇礼致张曾敭巡抚此函中，除力陈以上四个问题即“四难”外，并附绢图一副、纸图十四号及清单一纸。其中“新建西学专斋各房屋专图分号缮单”，计有公堂、藏书楼、工程科、体操、文案、客堂、华教习、律科文科、医科格致科、化学科、总教习住宅、西教习主住房、西教习住房前进、西教习住房后进等14份专图。此函即呈张曾敭巡抚，敦崇礼希望审阅后将西斋所绘14号专图底本“暂赐掷还，以便照绘续呈”，以“无任栜盼之至”的心情期待下文（事见李然整理《〈张曾敭档案〉所存山西大学堂史料》，载《近代史资料》总118号，中国社会科学出版社2008年版，第24—26页）。

案件的查处并没有过多地拖延时间，张曾敭巡抚对此案高度重视，以绝不姑息的态度对工程主要揽包人进行了处理。据《山西巡抚张奏请将贻误学堂工程委员先行革职归案究办片》称，张曾敭出任山西巡抚伊始，即听闻学堂委员、河南试用知县郑祖光承办山西各项工程多有不实，其中以揽包大学堂工程舞弊尤甚。又根据西学总教习敦崇礼来函详陈种种事实，遂派冀宁道连甲“督同”郑祖光按照设计图纸和揽包合同，将中斋、西斋已修各工程及未用材料分别“勘估点验”进行调查。调查的结果令人十分吃惊：中斋已修工程中旧料甚多，所用梁柱大多单薄过细，甚至两截，已经建成的部分也开始歪斜，或已破裂多出；西学专斋所修房间，与原图纸也有添改，木料稀薄，做工恶劣，梁柱两截且多破裂与中斋工程略同。甚至一房只有一梁一柱，而上截用松木，下截用杨木者。已修工程“现已损坏渗漏之处，劣迹不堪枚举”。为了进一步核实情况，张曾敭还带领有关部门官员亲自到现场查验，认为“此项工程敷衍草率，有目共睹”，郑祖光对此责无旁贷，“种种贻误，显有侵蚀偷减情弊，贪玩至此，何可姑容”。遂“请旨将承办山西学堂委员河南试用知县郑祖光先行革职，发交看管归案讯办”。另一方面，张巡抚要求对已修工程进一步修缮，对未完成的工程保质保量按期完成，“如再不只悔懼，任意抗玩，即由臣奏请从重治罪，以儆贪婪所有”。

张曾敭巡抚此片上奏后，很快得到光绪皇帝回复，“奉朱批：郑祖光著革职看管归案讯办，余依议该部知道，钦此”。山西大学堂初期这起“新斋工程案”算是尘埃落定（见《申报》1903 年 11 月 7 日，《山西巡抚张曾敭奏请将贻误学堂工程委员先行革职归案究办片》）。

筚路蓝缕，好事多磨。山西大学堂初创时期不仅在主权、经费、传教等重大问题上经过了一个曲折的过程，想不到还在兴建校舍的工程中出现了这样一桩“新斋工程案”。考实这一案件，我们不仅痛恨郑祖光这种偷工减料、玩忽贪婪的工程揽包人（他也是一位试用知县），而且为张曾敭巡抚对贪官的果敢处置感到欣慰，更为西斋总教习敦崇礼先生的尽职尽责、勇于担当的精神所感动。就是这位为山西大学堂“竭力经营，克尽厥职”的敦崇礼先生，1906 年在西斋总教习的任上，“积劳成疾”，英年早逝，年仅 45 岁。笔端至此，不禁唏嘘。

译书院及译书考

语言是交往的媒介，也是知识传播的工具。晚清学堂兴办之初，译介西方各类自然科学和人文科学的教科书成为迫在眉睫之事，正如时任清廷管学大臣、京师大学堂督办张百熙所言："译书一事，实与学堂相辅而行。"

光绪二十八年（1902 年）山西大学堂成立之初，时任山西巡抚岑春煊即对译编教科书擘画在胸。岑氏在"晋省拟将耶稣教案赔款另立学堂归并大学堂作为西学专斋，以收主权而宏教育"的奏折中，曾列举归并办理"数利"，其中一利即为："今日译编新出者尚属寥寥，旧出者已成陈迹。虽设学堂，读西书，苦无课本。若归并办理，则西学专斋所译之新书，皆系大学堂之课本。"《二十三条》签订后，西学专斋首任总理李提摩太特从西斋每年经费中拨出一万两白银，在上海设立了山西大学堂译书院。

山西大学堂译书院初设于上海西华德路，后迁至江西路福慧里210号。最初译书院由李曼教授负责，后又聘英人窦乐安（John Dorroch）博士主持。其英、日译员及校阅者前后有10余人：张在新（上海）、许家惺（浙江上虞）、朱葆琛（山东高密）、范熙泽（上海）、黄鼎（湖北同安）、梁澜勋（广东三水）、许家庆（浙江上虞）、夏曾佑（江西钱塘）、叶青（上海吴县）、郭凤翰（山东蓬莱）、苏本铫（上海）、西师意（日本）。其中夏曾佑、许家惺、朱葆琛均为翻译界名流。

译书院之所以设在上海，除李提摩太在上海主持广学会，便于就近指导外，恐怕另一个原因就是经费紧张。用有限的经费尽可能翻译出版更多的教科书，译书院设在上海可能是当时最佳的选择。1902年初，管学大臣张百熙在“奏请设立译书局与分局”中即明确指出：

> 惟欲随时采买西书，刷印译本，更宜设分局于上海，则风气既易流通，办理亦较妥便。又翻译东文，费省而效速，上海就近召集译才，所费不多，而成功甚易，南中纸张工匠，比京师尤贱，拟将东文一项，在上海随译随印，可省经费之半。（《光绪东华录》卷170）

山西大学堂译书院全体职员

李提摩太与翰林院翰林

译书院成立后，李提摩太曾于1903年5月间到日本访问考察，搜集了大量日本翻译的西方国家大、中、小学教本，所以译书院所译教本中有许多都是从日文转译而来，日文翻译西师意即为李氏此次访问所聘，甚至有些教科书干脆由日本博文馆印刷所（东京市日本桥区本町三丁目）或福音印刷合资会社（横滨市山下町八十一番地）制版印行。

山西大学堂译书院自1902年设立至1908年因经费紧张停办，六年时间共翻译印行多少种教科书？各种说法并不一致：1911年，梁善济撰《山西大学堂设立西学专斋》云“成书二十余种”；李提摩太在《亲历晚清四十五年》中例举十数种；老校长徐士瑚在《李提摩太传略》中例举14种；《山西大学史稿》则笼统称为“数十种”。笔者现据译书院印行《俄国近史》《最新天文图志》《世界名人传略》等书附录“山西大学堂译书院出版新书目录”，参照山西大学校史研究室所有译书院书目原本及复制本共得以下23种，虽有些书至今不得一见，然存目备考，确有必要。

A. 高等学堂用书：

《天文图志》一册，（美）迈尔著，黄鼎、张在新译述。

《地文图志》一册，（英）冀崎著，叶青译，夏曾佑阅，朱葆琛、许家惺校阅。

《迈尔通史》一册，（美）迈尔著，黄鼎、张在新译述。

《俄国近史》一册，（法）兰波著，苏本铫译述，夏曾佑、

译书院出版的《天文图志》和《地文图志》

译书院部分出版物

许家惺校阅。

《世界商业史》一册，（英）器宾著，许家惺、许家庆译述。

《克洛特天演学》一册，（英）克洛特著，黄鼎、范熙泽译述。

《美国法律学》一册，不详。

《气象学》一册，不详。

B. 师范学堂用书：

《应用教授学》一册，（日）神保小虎著，（日）西师意译述。

C. 中学堂用书：

《藤泽算术教科书》二册，（日）藤泽利喜太郎著，（日）西师意译。

《植物学教科书》一册，（日）大渡忠太郎著，（日）西师意、许家惺译述。

《动物学教科书》一册，（日）丘浅博士著，（日）西师意、许家惺译述。

《矿物学教科书》一册，（日）神保小虎著，（日）西师意、许家惺译述。

《物理学教科书》一册，（日）西师意、朱葆琛译述。

《生理学教科书》一册，（日）丘浅次郎著，（日）西师意、许家惺译述。

《地文学教科书》一册，（日）横山又次郎著，（日）西师意译。

《十九周新学史》一册，（英）华丽士著，梁澜勋译述，许家惺纂辑。

《代数学教科书》二册，不详。

D. 参考书：

《世界名人传》一册，（英）张伯尔著，窦乐安、张在新、黄鼎、郭凤翰译述，许家惺校阅。

《中西合历年志》一册，黄鼎辑。

《世界轶事》一册，不详。

《万国纪略》一册，不详。

《插图惊奇轶事》一册，不详。

以上所辑译书院译书共23种25册，这与梁善济1911年所记“成书二十余种”最为接近。也许尚有遗漏者，唯愿有心人留意。

应当肯定的是，译书院的设立倾注了山西大学堂创办人岑春煊和李提摩太的心血，译书院所取得的成就，与十余名中外译述、校阅人员呕心沥血的辛勤工作更是直接相关。译述人员熔铸中外，融汇古今，“成书二十余种，足供师范高等学校之用”，确实做了一件利于学术文化的大事。就译书院印行的各类教科书和工具书而言，有许多即为欧美当时出版的新书，如《迈尔通史》为1900年美国新版书，1902年即译出发行。《天文图志》1903年英文版出版，1906年即出中文译本。还应注意的是，译书院的一些译本，民国以后，甚至到20世纪40年代仍为同类图书中的佼佼者。1998年，著名学者李学勤曾撰文《记山西大学堂译书院版〈天文图志〉》（载《山西大学学报》1998年第3期），对该书仍然推崇有加：

> 《天文图志》是我少年时期最喜爱的一本科普读物。《天文图志》不仅使我在天文学知识方面得到启蒙，而且是我好读科学书籍的开端。
>
> 在《天文图志》出版之后，很长时间，没再出版过类似水平的天文图谱，这就是1942年前后像我这样的小孩子还要读1903年出原本、1906年出译本的图谱的原因。今天我们的科普工作当然绝非那时所能同日而语了，可是在书店想买一本精致的天文图谱仍非易事。

山西大学堂译书院所译各类教科书，为当时许多院校所采用，对解决学堂缺乏教科书问题确实起到了相当的作用，也为中西文化的交流做出了积极的贡献。从译书院当时的“寄售所”也可看出其广泛的影响。据载，除上海广学会外，寄售所尚包括群学社、四川成都广学会、美华书馆、科学书局等机构。1920年山西大学新共和学会出版的《新共和》刊物，其“发刊宣言”中称译书院“颇有贡献于当时的社会国家”，确非虚语。

往事如烟。百年前山西大学堂译书院对国家社会颇有贡献，百年后许多高等院校，尤其是综合性大学都拥有了自己的出版社，高校出版社已成为中国出版界一支不可轻视的生力军，其服务教学科研，贡献民众社会之功能有目共睹。惜百年前已拥有专门出版机构的山西大学，今日却在群社如林中没有一席之地。忆记20世纪80年代，曾有“山西高校联合出版社”，不知何故也已销声匿迹。笔端至此，能不令人浩叹！

从“兵式操”到运动会

由中斋、西斋两部分组成的山西大学堂，创办伊始就走出了一条中西合璧的独特办学道路，西学专斋对西学传播和近代西方高等教育制度在中国的传播产生了重要的影响。值得重视的是，体育教育在西斋的教学体系中一直占有重要的地位。《二十三条》第八条在规定新建西斋教学用房时，即将体操场与藏书楼、仪器舍、阅报所、试验场等一并列入。在专科和预科的课程表中，体育课程则一以贯之地贯通各个学期。从现存的一份《西学专斋呈功课及预备科三年六期课程表折》中可以看出，预科三年六学期每学期均开设体操课程，内容包括“练身、兵式、蹋球等法”，其中一年级每周五个课时；二年级每周两个课时；三年级每周三个课时。体操课时总数仅次于数学和英文两门主要课程（李然整理《〈张曾敭档案〉所存山西大学堂史料》，《近代史资料》总118号，中国社会科学出版社2008年版，第36—39页），充分体现了体育教育在整个课程体系中的分量和地位。

西斋课程体系中既有“体操”之“兵式”内容，体操课并没有敷衍了事，而是严谨从事，甚至连“操衣”及枪支均要求统一和配额置办。在早期的一份西学专斋呈请巡抚张曾敭“亟应预为筹议”的清折中，曾专列“衣枪”以示重视：

查中外各学堂，学生上课时，则各服公衣；体操时，则各服操衣；兵式操，则各执步枪，皆有学堂颁发，所以求整齐而肃观瞻也。敝斋自开办迄今，诸生上课、体操，皆无一定衣服，以致长短阔窄，漫无纪律。至兵式体操，非人执一枪，则更不能演习。可否酌制公衣、操衣及饬借旧枪二百支，俾使教练而资划一之处，应候核示。

事实证明，操衣及枪支后来都在体操课上得到了落实，体育课程中实现了中西合璧。

这里需要特别说明一下的是“兵式操”。其实，“兵式操”即兵操。中国近代的兵操最早应该是在洋务时期的军事学堂开始的。清末《奏订学堂章程》特别规定，各类学堂体操课“宜以兵式体操为主”，适应了风行一时的军国民教育。“兵式操”在近代中国最早的新式学堂当不失为一个风景。

在所有球类运动中，大学堂初期最为活跃和最为学生喜欢的当属足球，现存山西大学堂老照片中就有一张足球队员的合影，前排摆放着一个大圆的足球。据载，西斋教习新常富和佩克等时常在傍晚和学生一起踢足球，新常富曾半开玩笑地讲道，“这足球正在把‘孔夫子’从他们身体里勾了出来”。1902 年 11 月，大学堂节制山西巡抚赵尔巽在学生考试颁奖仪式上不无感慨地讲道：“西学对中国来说是一服不可少的良药，体育运动在我们读书的时候，是连想都不敢想的事，可是在山西大学堂却在积极从事此项运动，有三个足球被踢破就是最好的证据。”

近代山西各类新式学堂举办的全校性运动会，第一个应当是 1902 年山西大学堂的运动会。据《山西大学百年纪事》载，1902 年“大学堂在年末举行了体育运动会，中西斋学生与教习们都参加了各种活动”。应当指出的是，山西大学堂创办伊始即重视体育教育的开展，与其中西合璧的独特办学道路是分不开的。以西式教育模式组建的西学专斋，不仅在办学体制、课程设置、授课内容、教学方法等方面与中国传统教育有着明显区别，而且数量不小的“洋教习”的加入，更直接地推动了西式教育尤其是体育教育在大学堂的传播。据现存《山西大学西学专斋教职员

山西大学堂足球队

题名碑》记载，到 1911 年西斋交还山西当局办理时为止，西学专斋共聘用了 15 名外籍教习，其中新常富、佩克等都是年轻的体育爱好者或体育教师。新常富和毕善功曾利用大学堂附近结冰的湖面穿上冰鞋滑冰，引起学生极大的好奇；西斋教习们在校园打网球，网球运动在山西第一次出现；新常富为开展大学堂体育活动，还曾专门绘制图纸并制作体操专用教具，以增强学生的直观印象，如此等等，使山西大学堂的体育教育生动活泼，富有成效。

较之其他专科教育而言，体育教育以其生动直观的效果更容易从校园走向社会，进而产生更广泛的社会影响。山西大学堂的体育教育不仅带动了省城太原各级各类新式学堂的体育教育，而且进一步走出校园，在社会上产生了广泛的影响。

1902 年建校的当年，山西大学堂就开始举办一年一度的全校运动会，这个活动至迟在 1908 年波及省城各级各类新式学堂。据 1908 年 9 月 30 日《晋阳公报》载：“本月初三日大学堂西斋联合各项学堂开运动大会，自午前八钟起至下午两钟散会”，“是日各大宪暨来宾参观者约万人，各生皆精神活泼，竞显所长，颇极一时之盛”。参赛队伍包括大学堂及省城各类中、小学堂，比赛项目则包括长跑、短跑、跳高、跳远、投掷、足球、脚踏车赛等。可以想象，由省城各级各类学堂组成的众多参赛队伍，又有省级大员

运动会颁奖场面

及众多来宾和观众约万人参与的运动会，确实可谓“极一时之盛”。

1915 年后发生的新文化运动和五四运动，给当时中国的思想文化领域带来了巨大的变革，学校体育教育不仅废除了军国主义的兵操，而且开始用近代科学的观念倡导体育活动，提倡民众体育。由山西大学堂改名为山西大学校的体育运动从校园走向社会，由本校的运动会扩大为全省中等以上学校的联合运动会，甚至承办了第七届华北运动会，在教育界和社会各界都产生了广泛的影响。

1919 年 4 月 7 日到 4 月 18 日，可以说是山西体育运动的狂欢节，整整 12 天时间，在山西大学校连续举办了山西全省第一次联合运动会和第七届华北运动会，在社会各界产生了广泛的影响，也在中国体育教育史上留下了浓墨重彩的一笔。

4 月 7 日举行的山西全省第一次联合运动会以山西大学校操场为主会场，山西省 31 所中等以上学校，430 余名学生组队参加本次运动会，比赛项目包括赛跑、竞走接力、竞走、跳高、跳远、掷铁饼、铁球、网球单双打、篮球、足球等。运动会持续两天半时间，各种比赛器械设施、裁判、颁奖、奖杯、奖旗、奖品等“均极完备”，运动员休息室、救护处、洒水车、饮茶休息区、食品存放处等一应俱全。开幕式典礼也很有路数：6 点半各级长官及各学校来宾已

1919 年第七届华北运动会

早早按指定地点齐聚山西大学校操场，8 点整省长阎锡山到场，8 点半按照开会礼式发令，奏国乐、升运动旗、唱国歌，然后是阎锡山率众向国旗脱帽行三鞠躬礼，最后是阎锡山致开幕词。阎锡山此时的开幕词并没有讲什么大道理，他只强调“能力与道德兼而有之，始为真优胜，鄙人之所希望者在此，诸生勉旃”，寥寥数语，也为得体。据载，本次运动会包括运动员、非运动员及来宾共八万余人到场，“诚晋省体育界空前之盛会也”。

山西全省第一次联合运动会落幕刚 5 天，4 月 14 日一场更大规模的第七届华北运动会又在山西省城太原举行。本次运动会除借用山西大学校大操场外，又在毗邻山西大学校的东南方特辟临时场地，“为我国北部诸省有数之盛会”。参赛队伍包括直隶、奉天、山西、河南等省份 50 个学校运动队；比赛项目含短跑、长跑、接力、高低栏、跳高、跳远、撑竿跳、铁饼、铁球、标枪、五项运动、十项运动、网球、篮球、足球等项；工作人员有发令员、田赛评判长、评判员、计时员、运动监察员、管理员及网球、篮球、足球职员等。本次运动会还特别增加了表演赛，北京清华学校童子军操演、陆军步十团技术连新武术、阳曲高等两小校童子军游戏、第一女师范学校学生游戏、张玉梅女士武术、示范及模范两小学校小学生游戏体操、师范及模范两小学校童子军操演纷纷登场献技，“亦颇引人入胜”。

第七届华北运动会还特别邀请英法美三国公使和三位著名教育家前来参观，“晋省各界闻诸外国贵宾之来，无不引为全省异数光荣，欢迎之诚，万众以致”。外国公使不仅极为赞许本次运动会，并特备奖杯发给优胜运动员，而且在运动会期间发表演讲，鼓励运动员“苦心卓志坚忍不挠”。著名教育家前清学部尚书严范孙、前教育总长兼内务总长范静生、天津南开学校校长张伯苓也被特邀前来参观，并在会间发表重要演说。山西督军兼省长阎锡山对此高度重视，或亲赴车站迎接，或设宴款待，或一起参加活动，来宾无不“殊觉满意”。

为了利用本次运动会扩大影响，4 月 16 日下午阎锡山还特别安排在山西大学校礼堂举办了一场“各省联合辩论会”。各省与会学生推定 4 人组成代表队，辩论的题目则有两道：一为造化待人公道不公道；一为人民负担赋税宜轻宜重。经过“反复申明，互相探讨”，最后决出优胜者，分别赠送山西名人徐继畬之《徐松龛集》和《霜松龛集》等书及平定工厂制造的精细陶器多件，直至下午 6 点辩论赛宣告结束。阎锡山在运动会闭幕式上发表闭会词，总结“此届运动会不独中学成绩比较前届大见进步，即普通各学校成绩亦有数事较前大进”；“会场内外一切布置具见周妥，运动之时一切号令动作均有秩序，有条不紊”，并以“天行健君子以自强不息”相号召，鼓励运动员下届取得更好的成绩。

接连举行“山西全省第一次联合运动会”和“第七届华北运动会”半月后，五四运动即在北京爆发。以山西大学校学生为主体的山西青年闻风而动，不甘人后，声援北京、游行示威、罢课演讲、抵制日货，在一连串的反帝爱国活动中，以山西大学校学生为主体的山西青年都起到了“领头雁”的作用。体育活动，尤其是大型的学校运动会本身就是青年学生齐聚竞技、切磋交流的大好时机，在山西这样相对闭塞的内陆地区，如此大型的运动会更可以起到活跃思想、大开社会风气的作用。生动活泼的体育运动与影响时局的政治运动也许有着若隐若现的某种关联，这实在是值得令人深思的。

五四前后

1919 年的五四运动，是以青年学生为主体发动的反帝爱国运动。以北大学生为先锋，大江南北的热血青年都在这场具有划时代意义的政治风浪中经受了洗礼，得到了磨炼。

1919 年 5 月 4 日北京学生集会天安门的消息传至并州古城，地处黄土高原，时称“国立第三大学”的山西大学校（行按：1912 年按教育部《大学令》改“山西大学堂”为“山西大学校”）学生“闻风奋起”。以山西大学校学生贾超孟为会长的山西中等以上学校学生联合总会成立后，即在省城太原掀起了游行示威、声援北京、罢课演讲、抵制日货的斗争。当时的文科第二班学生讲演团团长王思贤 60 年后曾有回忆文章《山西学生五四运动二三事》（见《五四运动回忆录》，中国社会科学出版社 1979 年版），

以山西大学校学生为主力的山西五四运动

大体可以看出运动的轮廓，其余如《晨报》《山西日报》的报道均极为简略。无疑，作为全国五四运动的一个组成部分，山大学生在这场运动中，在山西起到了“领头雁”的作用。笔者在此更有兴趣的是，五四运动作为一场思想解放运动，在山大校园内，在广大知识青年中究竟发生了怎样的影响？

将五四前后的山西，尤其是山大的情况进行比照，也许是回答此问题的一条路径。

五四之前，山西在封建军阀阎锡山统治之下相当封闭。阎本人既受中国儒家文化熏染，又非常崇拜军国主义。五四尘埃未定的当年10月，被山西大学校免试推荐入读北京大学的著名作家川岛（本名章廷谦）1949年后曾在《文艺报》发表文章说：“如今，我已记不清那时阎锡山的什么政绩了，只记得他是大力提倡军国主义和尊孔的。在太原的全部电线杆子上，都写着‘孝悌忠信’、‘礼义廉耻’等等一类的字句。”川岛先生形象地把当时的山西比喻为“铁笼子”，并将阎提倡的尊孔和军国主义对一个大学生的影响淋漓尽致地道出：

对我来说，“宗圣”的结果是：凡山西大学的学生，每当春秋丁祭，便须半夜起床，排了队伍赶到文庙，空肚子站在院子里等到五更天祭孔。

至于提倡军国主义的结果是：给我们山西大学的每个学生发一身蓝布操衣、操裤，还有一双黑面皂靴，都不要化（花）钱。每礼拜大家都扛着一支毛瑟枪去上军操。……教官穿着长筒马靴，带刺的，威风凛凛地站在一边，教我们一忽儿这样，一忽儿那样地向他行“注目”、“举枪”等各式各样的军礼。如果我们操练的不好，或者动作不合他意时，他有时就吆喝着把我们揪出来站在行列外面，有几次被揪出来的人比排在队内的人还多，他就变更办法用马靴尖来对付我们。（川岛《五四杂记》，载《文艺报》1959 年第 8 期。）

五四运动不仅是中国新旧民主主义革命的分水岭，而且在思想文化领域产生了振聋发聩的历史影响，被川岛先生称之为“铁笼子”的山西，经“五四”暴风骤雨的洗涤也打开了思想解放的闸门。国立山西大学校更是得风气之先而风动一时。

北京学生天安门集会后，为加强山西地区的学生运动，北京市学生联合总会即派高君宇同志回山西指导工作。省城太原以山西大学校学生为主，即刻掀起了罢课请愿、游行示威、四处讲演的反帝爱国运动。在山西大学校大礼堂，曾举行过山大全体同学和其他各校代表参加的“表示抵制日货决心”大会，青年学子群情激愤，热血沸腾，爱国运

胡适

杜威

动热浪高涨。

6 月，山西大学校学生会派代表赵连登参加了在上海举行的第一届全国学生代表大会，山大学生与全国各地声气相通，风气大开。

7 月，“山西中等以上学校学生联合总会”在山西大学校举行大会，学联会长、山西大学学生贾超孟主持，邀请张伯岑、李天禄博士介绍北京学生运动，并做《中国前途之希望》的演讲。

10 月，北京大学教授胡适陪同美国教育家、哲学家杜威博士来太原。10 日，在山西大学校大礼堂，杜威做《品格之养成为教育之无上目的》、胡适做《娘子关外的新潮流》的讲演。13 日，杜威再次做《高等教育之任务》的演讲。

值得提醒的是，胡适博士（行按：胡适时任北京大学代理教务长、文学院院长）对此次在山西大学的演讲感到十分满意，尤其是对那个可以容纳千人的大礼堂很是欣赏。他后来说过“那时太原已经有了一千座位的大礼堂。那次我在太原讲演，觉得很过瘾”，“当时北京还没有这样的礼堂，全国只有三个国立大学，山西就有一个”。当有学生提出希望转学北京大学的愿望时，胡适博士给山西大学留下了一个特殊“承诺”，这就是山西大学校预科毕业生可不经考试直接升入北京大学，文、法两科学生可直接转学到北京大学就读，由此可见胡适博士对山西大学校学生

王录勋

质量的基本估计。事实证明，山大学生无愧于胡博士的信赖，后来去北大学习的山大学生确实不乏驰名海内外的佼佼者：萧一山、章廷谦（笔名川岛）、樊振琦、彭基相、梁园东……

作为一场思想解放运动，五四运动对山西大学最彰显、最直接的结果，就是1920年新共和学会的成立和《新共和》刊物在山大的诞生。“新共和”——一个迷人的字眼，一个富于探索的群体。在学会和刊物的周围，聚集着一批探求科学、追求民主的教师和学生。哲学、文学、社会学、伦理学、教育学、心理学、政治学、法律学、经济学都成为校园内讲授论辩的学问，社会主义、共产主义、无政府主义、工读主义等也成为介绍学习的主题。抗战以前，山西大学之所以能在全国高校中“名重一时”，与五四后“思想开放，学术自由”的校风有直接关系。校友王励豪曾将校长王录勋与校风相提并论，笔端流露的不仅是夸赞：

公之治校原则，一本科学分工，无为精神，拱手携领。其教育之特点，则实行思想开放，学术自由。所持作风，与北京大学蔡元培先生大体相似。校内科门甚多，在思想见解，竟可分歧对立。文科学长与法科学长，常因学术问题发生争辩，甚至怒目相向，学生与教授辩论问题，在教室不得台下。鼓荡相习，蔚成校风。

新共和学会及《新共和》

1911 年的辛亥革命以推翻帝制和建立共和而彪炳史册，但革命的果实却很快被袁世凯窃取。以孙中山为代表的革命派以十余年的奋斗，用鲜血和生命创建了民主共和制，但成为民国元首的却是反对革命的袁世凯。民主成为袁世凯掌中的玩物，共和只是一张空招牌，民初社会陷于“山重水复疑无路”的境地，一代先进的中国人在疑虑、徬徨、徘徊中奋争。五四新文化运动高擎科学和民主的旗帜，一面对中国几千年历史凝结而成的文化传统进行总体性的理性批判，一面为建设真正的“西洋式的社会”而苦苦追求，一时间，组学会、办报刊蔚然成风，各色各样的“主义”蜂拥而入中国。山西大学的新共和学会及《新共和》刊物，就是此种社会潮流的一波。

山西大学新共和学会成立于1920年4月13日。是日，由10余名教职员、20余名学生会员参加成立大会，通过学会章程17条。章程规定：本会以交换知识、研究学术为宗旨；本会设干事股、书报股、出版股；学会会议三种：常会每星期一次；临时会遇有特别事由干事股主任召集；学术演讲会临时规定。寻常会凡不属于书报、出版二股者一律由干事股负责，会员研究学术除常会择题讨论外，应每两星期提交本会一份报告书。

新共和学会成立后，按章程每星期开常会，每两星期会员均交学术报告书，不久又规定会员要“分门研究学术，计分哲学、文学、社会学、伦理学、论理学、教育学、心理学、政治学、法律学、经济学十门”。学会还组织了图书室，除会员寄存的书刊及全国各大学赠阅的图书杂志外，又从山西省图书馆借来部分书刊进行学术研究，书报股亦曾代售各种新思潮书籍，但这些工作进展都不很大，甚至有些会员对此“冷淡得很”。在此情况下，新共和学会召开特别会议，大家认为：“欲发扬一个学会的精神，必少不了出版品，出版品也是学人与学会应有的出产品。”遂决定出版《新共和》杂志。

《新共和》创刊号于1921年12月10日出版。《发刊宣言》标明此刊宗旨是“研究学术，宣传文化”；目的是“欲本学术上种种方面的研究，文化上种种方面的进行，

新共和学会全体成员合影

以期创造新人生、新社会、新共和出来”。刊物由太原范华制版印刷厂印刷，编辑发行和总发行所为山西大学新共和学会，代派处有太原晋华书社、国货商店、北京大学出版部、保定育德中学贩卖部、济南齐鲁书社、上海中华书局、武昌时中书社、长沙文化书社、贵阳振武书社等，名重一时的《新青年》刊物曾为《新共和》赠登广告，可见发行的范围还是相当广泛的。

现在看到的是《新共和》第1卷第1、2、3、4号，第2号出版于1922年5月15日，第3号出版于1922年12月24日，第4号出版于1923年7月20日。《五四时期期刊介绍》（生活·读书·新知三联书店1979年版）曾收录前三号目录而不知有第4号，为保存史料，现将第4号目录抄录如下：张仁《联省自治论》、冯福臻《论我国民法不宜采法典编撰主义》、谢焕文《认识论之历史的背景及晚近解决的办法》、彭基相《告意大利的工人阶级》、马天启《评无政府共产主义》、A·N《科学的法家韩非》、张雪崖《淮南子哲学》、杨冰《从昆曲到皮簧》、薛凤仪《国家政治之目的》、高邦隆《学说与历史进化的关系》、A·N《关于中国哲学史的观点及时间的一点意见》、张养德《这么一首诗》、常裕仁《晋矿公有之意义及其价值》、马奋秋《学校花园的一夕》。又，据1923年毕业的山西大学英文学系学生续约斋《旧事偶拾》（《群星璀璨话摇

《新共和》杂志创刊号

《新共和》第一卷第二号封面

《新共和》第一卷第四号目录

篮》，山西高校联合出版社 1992 年版）的回忆，《新共和》共出版 6 期后被迫停刊，惜后两期刊物笔者至今未得一见。也可能因为作者年事已高，回忆有误，他在同一篇文章中写道：“乃至 1923 年文三班、政一班毕业后，同学大都四散，学会也随之解体结束。”《新共和》第 4 号出版于 1923 年 7 月 20 日，此时学会已“解体结束”，又出两期是否可能？以此存疑。

《新共和》杂志是一个进步的刊物。它的主要撰稿人来自山西大学校的学生，他们虽然站在改良主义的立场上想逃避推翻私有制的武装革命，对社会主义、共产主义的认识也是“雾里看花”，但绝大多数人认为社会主义是好的，肯定社会主义制度的优越性。《新共和》还发表了许多评论山西教育、“矿产公有”、文化、“模范村”等时政性的文章，大多实事求是，较为公允，“这对于当时一般不了解山西和对阎锡山抱有幻想的人们是有一定作用的”（详见《五四时期期刊介绍》第二集上册）。

《新共和》刊物的创办，在山西大学校史上应占有相当地位。这是因为：五四新文化运动后，广大知识分子思想得到解放，组织学会、创办刊物似雨后春笋。社会主义、共产主义、无政府主义、工团主义、基尔特社会主义等通过学会和刊物传播开来，一代中国人正是通过如饥似渴地介绍、学习、鉴别、认识，才最终选择了马克思主义。山

李镜蓉

冯纶

西大学的师生不甘人后，顺应了时代发展的潮流。另一方面，自20世纪初山西大学创办以来，合中西之璧从事学术研究、传播中西文化就成为本大学的发展目标，《新共和》的创办实质上是继承本校研究学术的传统，这一点在《新共和》的《发刊宣言》中即有明确表述：

山西大学的生命，二十年于兹，本会之生命，亦二年于兹，而学报的刊行，要以此为开始！向者，山西大学设立译书局，成书二十余种，颇有贡献于当时的社会国家，后译书局停办，而大学只有印讲义课本诸任务，几成为灌输固定知识的机关，不成为“发展智慧，研究学理”的机关，其他传播文化的工具，亦绝无仅有。敝会同人不敏，发刊本志，对内则提起大学研究的精神，对外则发表同人研究的结果而已。

新共和学会及《新共和》，得到了上至校长在内的教师们的鼓励和支持。校长王录勋，教师冀贡泉、王宪、苏体仁、王允清、冯纶、李镜蓉、柯璜、马鹤天、池庄、孙晋淇、江瀚、张勃仁、安得文及外籍教师麻波斯均欣然担任名誉会员，并多次应邀进行演讲。在1923年6月9日下午新共和学会召开的欢迎新名誉会员大会上，校长王录勋明确表态：“我对于本会的意见，只要在学校的计划以内，无论人力经济，皆可以帮助，只要能为大家想法，没有放弃不管的。并且《新共和》杂志上面，等到我们这些名誉会员有了空闲，亦可写出与大家研究。”中华人民共和国成立后的第一任山西大学校长，当时在山西法政专门学校任教的邓初民对新共和学会更是给予高度评价：

山西大学是最高之学府，新共和学会又是此最高学府中纯粹研究学术之人所组织，我相信山西大学必能任社会改造之事业！我极相信新共和学会，必能作此社会改造之先驱！

三原复课日：
1939 年 12 月 23 日

近代中国最早建立的一批新式大学，至抗日战争前 30 多年间大多取得了相当成就，可以说近代新型高等教育的体制已在中国形成。不幸的是，1937 年 7 月 7 日“卢沟桥事变”后，随着抗日战争的全面爆发，中国高等教育戛然而止，“灭顶之灾”骤然降临。幸运的是，具有数千年文明的中华民族不屈不挠，奋起抗争。平津三所著名大学（清华大学、北京大学、南开大学）“徒步三千，流亡万里”，在昆明合并组建西南联合大学，已为人们所熟知。而黄土高原上山西大学漂泊无定最终复课的历史却鲜为人知。炮火声中作弦歌，历史不该忘记这段艰苦创业的岁月。

“卢沟桥事变”后，抗日战争全面爆发。8 月初，日本侵略者不断袭击同蒲路北段及省城太原，山西省政府命令山西大学及省城各大专学校迁往晋南。山西大学所属法学院迁平遥，文学院迁运城，校部及理工两院迁临汾。因战事吃紧，至 9 月中旬各院系虽陆续开学上课，但到校学生尚不足半数。11 月 8 日，太原沦陷，省府下令大专院校暂时停办，所有文书、图书、仪器等移交当地政府保管。1938 年春，晋南各县相继沦陷，一切文件图书仪器遗失一空，全校师生数百人流散四方。校长王录勋先至汉口，后转香港，终到北平。法学院院长张嘉琳、文学院院长张籁等回到太原。工学院院长王宪、土木系主任兰锡魁、采矿系主任常克勋、教授赵宜斋等人则到了重庆。1902 年成立，至此已有 35 年历史的山西大学在侵略者炮火的袭击下被迫停办。

1939 年年底，山西大学在停顿两年后复课，其中经过了颇多周折。先是 1939 年初夏，时任第二战区长官部政治部主任的梁化之前去重庆出差，前山大工学院院长王宪、教授常克勋、兰锡魁等向行政院院长孔祥熙提出恢复山西大学的建议并得到赞同。梁化之将此消息立即电告阎锡山。阎锡山认为山大复校由王宪等人负责，恐日后难以控制，遂于 8 月 1 日在《阵中日报》刊出成立山西大学复课筹备委员会及省政府通过的简章十一条。内称“为抗战期间继续推进人才教育起见”，特设复课筹委会负责恢复山西大学的具体事宜，意在阻止王宪等人的复校活动。

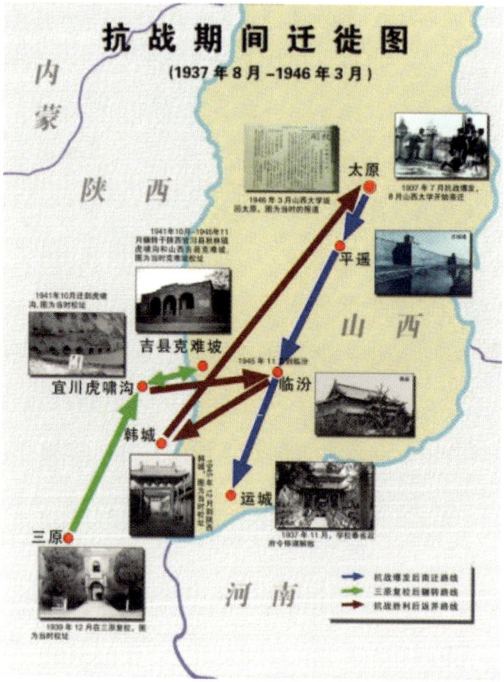
抗战期间迁徙图
(1937年8月–1946年3月)
内蒙
陕西
山西
河南
太原
平遥
临汾
运城
吉县克难坡
宜川虎啸沟
韩城
三原
抗战爆发后南迁路线
三原复校后辗转路线
抗战胜利后返并路线

抗战期间迁徙图

其实，后来主持复校的徐士瑚对此早有认识。徐氏在 1936 年 5 月从欧洲留学回省后，曾给阎锡山当过两个月的英文秘书，后徐氏“弃官从文”，到山西大学文学院担任英文系主任，此事使阎颇为不悦。1937 年 11 月山大解散后，徐氏两次到临汾面见阎锡山，提出合并山大院系，暂迁陕西续办的建议。阎锡山非但没有接受徐氏建议，反而让徐氏到正在筹办的非正规大学——民族革命大学教务处工作，徐氏此次又不留情面地去了陕西城固西北联合大学，应当说，阎徐之间已有相当隔阂。

徐士瑚毕竟是一个文化人。《阵中日报》关于山西大学复校的消息刊出后，时任阎锡山长官部少将参事的五台同乡方闻及建设厅参事徐士琪，立刻将消息电告徐士瑚，促其北上宜川县秋林镇（行按：时为第二战区长官司令部及山西省政府驻地），进行联系恢复山大的工作。徐氏认为机会已到，便到秋林面见阎锡山，结果是将近一个月也未得到阎的明确表态，无奈之下又“败兴而去”。8 月底，徐士瑚回到城固，百余名来考取国立大专院校的晋籍高中毕业生，纷纷要求他电请省府设法解决“上学无门，生活无着”的问题。也许是学生们的真情打动了这位文化人，他在对阎锡山及复校事“不抱任何幻想”的心绪下，分电阎锡山及省主席赵戴文，再次呼吁恢复山西大学。真是“无心插柳柳成荫”，9 月中旬，山西省政府给徐士瑚汇款 15000 元，电令其招新生、请教授、购图书、买仪器，尽快恢复山西大学。

徐士瑚接到省府电令后，便很快投入复校工作。他首先从自己供职的西北联合大学聘请王燕生为社会学教授，郑文华为物理教授，杨峻山为法律教授，康石庵为机械教授，薄兰萃、窦子锦为助教，又从国立七中调用职员 8 人。9 月底，经过入学考试，录取百余人为一年级新生。10 月底，全体师生员工到达三原县城。本来，省府命令北上宜川县秋林镇开学上课，因前方军情突然紧张，乃改令师生在三原就地觅处上课。徐士瑚又通过陕西省教育厅长王捷三，借得三原南城原三原女中全部校舍，作为办公、上课的场所，及文、法两院的学生宿舍，后又租到山西街一大货栈作为工学院学生食宿之地。同时，又从各地聘请了朱启寰、庞廷璋、陈超、郭丕文、郝逢绣、邢润雨等为各科正副教授，并在西安、汉中等地购置大批中外文教本、图书和仪器。1939 年 12 月 23 日（行按：徐士瑚后来的回忆文章为 12 月初，恐有误），停顿两年的山西大学又正式开学上课。

开课不久，省府关于山西大学编制与人事的命令下达三原：阎锡山兼校长，冯纶为校务主任，下设教务、训育、总务、文书、会计、图书学科，徐士瑚被委任为英文系主任，对于设置何种院系并未说明。徐氏认为此种编制不符合部颁组织法，再次北上秋林面见阎锡山，提出改制意见。在教育厅的主持下，徐氏建议被阎采纳。改组后的山西大学设工学、法学、文学三院，机电、土木、法律、经济、历史、英文六系及训导、教务、总务三处，徐士瑚被任命为教务长。此种编制奠定了日后山大发展的基础。

三原复课是在山西大学停顿两年、条件极为艰苦的战火岁月中实现的。难能可贵的是，从四面八方集结起来的山大师生，以维护中华文化为志，艰苦创业，吃苦耐劳，深思苦读，"故复校不数月，而声誉激增，一跃而为西北学术之中心"。1940 年 5 月 15 日，《阵中日报》发表文章，一面历数山大经费之困难，一面赞扬师生之苦学精神：

图书增购，限于经费，颇感困难。每年经费，除教授职工薪金、学生贷金外，没什么余款。山大经费短少，在全国各公立大学中比较，当数第一。

该校招生，大都服务抗战甚久，又因学校设在战区，故深思苦学，具有踏实求学的作风。自由研究学术风气极深，各种功课除四五种印刷讲义外，余均作笔记。办公厅、教室、宿舍都是租佃民房，大的教室有一个，可容纳五六十人，小的有四个，每室可容十来人。斗室讲学，颇有绛帐遗风。

三原复课在山西大学校史上占有重要地位，它不仅使

陕西三原校址

國立山西大學校刊 (1)

國立山西大學校刊

編輯發行：國立山西大學出版委員會

中華民國三十七年一月十日出版

三原復課紀念徐校長講話

——十二月二十三日——

諸位：

今天是本校三原復課第八週年紀念，回憶過去，有以下感想，亦即吾人今日紀念復課價值所在：本校是在各種艱苦奮鬥中成長起來的。溯自抗戰軍興，學校遷移晉南；旋因戰事擴大，奉令停課。員生流散，一切文件圖書儀器遺失一空，校務停頓者二年。迄二十八年秋，今閻兼主席，及故趙主席，以本省高等教育不容長期停頓，乃商請教育部，開始籌備復課。閻公自兼校長，本人任教務長。九月奉派赴城固西安兩地招收新生，延聘教授，採購圖書儀器。十月派馮綸先生爲校務主任。當時校址原定爲陝西宜川縣甫觀亭鎮，嗣以前方軍事吃緊，遂奉令暫在陝西三原覓地開學。於十二月二十三日正式復課。二十九年五月，馮綸辭職，本人兼理校務。當時草創伊始，一切苟屬簡陋。員生百餘人，租賃民房五十餘間，至設備更無從談起。惟師生間吃苦耐勞與學習研究精神，實爲驚人，故復校不數月，而聲譽激增，一躍而爲西北學術之中心。至後人數漸增，圖書儀器以及其他一切設備，機構等，亦粗具規模。三十年奉令北遷秋林，以交通困難，而部分員生聯合當地駐軍，發動風潮，因此員生散落大半，而一切設備均損失淨盡。當年之苦心經營，至此又受一重大打擊，實之堪痛心。

秋林地當陝西宜川縣東三十里，山嶺起伏，地瘠民貧；加以交通不便，一切教致條件更較三原爲窳，且以初到，設備一無所有，四顧荒茫，生活頓感不快。其間經員生之共同努力開拓，山坡荒谷之次第整理

1948 年 12 月 23 日徐士瑚校长在三原复课纪念会上的讲话

这所最早成立的国立大学得以薪火相传，而且此种环境中孕育的吃苦耐劳、精研苦学的精神成为山西大学日后发展的推动力。20 世纪 40 年代后，12 月 23 日被校方规定为三原复课纪念日，照例全校放假一日，并举行各种纪念会及文体活动，以示纪念。1948 年，时任校长徐士瑚在此日举行的三原复课纪念会上，追溯三原复校以来之悲壮史并特别强调三原复校之意义：

学校在此八年的漂泊无定中，其所以能冲破无数次的难关，渡过无数次的艰苦，而有今日的收获者，是皆由我全体师生抗战期间获来一种大无畏吃苦耐劳、精研苦学的精神与奋斗的毅力所致。今天我们纪念复课，也就是要把这种精神与毅力继续保持下来，并且要使他扩而大之，使我们山西的思想、学术与人才一天比一天地更为发达起来，才不失我们今天纪念复课的意义。

从虎啸沟到克难坡

持续多年的抗战岁月，实为山西大学的多难之秋。1939 年 12 月 23 日三原复校后，本校又因“国立风潮”迁址宜川县秋林镇虎啸沟，后又因伤寒流行再次返迁克难坡，直到 1946 年 4 月重返太原侯家巷校园，真可谓漂流不定。至为可贵的是，就是在如此离乱聚合的环境下，全校师生仍身在沟壑，心系文化，教研不断，弦歌不辍。“艰难困苦，玉汝于成”。炮火声中锤炼出了山西大学不折不挠的精神，亦成为本校日后进一步发展的宝贵财富。

1941 年 7 月发生的“国立风潮”是迁址虎啸沟的直接原因。三原复校后，胡宗南所辖陕西地区三青团即准备与本校建立关系，1941 年 3 月进一步提出在学校建立三青团总团部的要求，“政治阅历浅，社会经验少，又书生气十足”

虎啸沟旧址

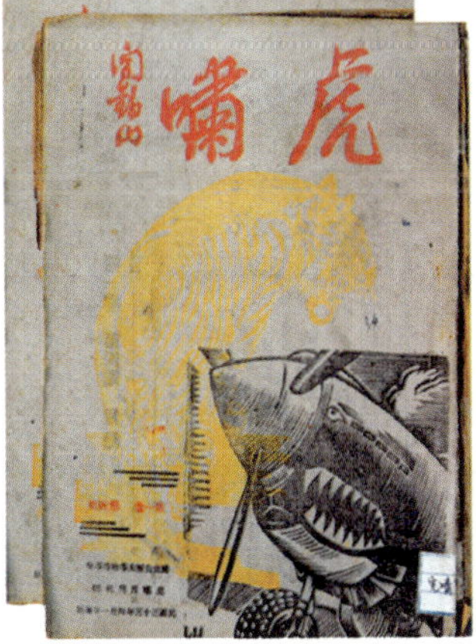

《虎啸》刊物

1943 年虎啸沟时期学生篮球队

（徐士瑚语）的徐士瑚便让时任文学院院长兼训导长的周传儒处理此事。7 月，周与胡宗南 16 军政治部联系后，率学校三青团员与部分教师掀起了改省立山西大学为国立的风潮，实则是在反对阎锡山。周在 16 军支持下占领学校，并将部分行政人员赶出学校，后又变卖校产，投身胡宗南部。在三原已无法正常上课的情况下，山西省政府亟电教务长徐士瑚将学校迁至宜川县秋林镇虎啸沟，“即使无一教授，无一学生北迁，也要将省立山大的牌子扛回来”（徐士瑚《解放前的山西大学》，载《山西文史资料》第 17 辑）。10 月底，师生 200 余人在总务长王友兰的带领下，乘骡车分批离开三原，北迁秋林镇虎啸沟，12 月初恢复上课。

秋林镇位于陕西宜川县城东 30 里，有居民百余户，该镇东距黄河渡口小船窝 60 里，北上 5 里，便是山西吉县克难坡。镇北两条大沟，阎锡山名之为“龙吟”和“虎啸”。虎啸沟长五六里，沟之东西两侧，有黄土窑洞百余孔，除 20 余孔为儿童教养院和山西科学馆占用外，其余全部归山西大学用作校舍。清一色的土窑洞，无门牌，无标记，外人到此，很难分清宿舍、教室和办公室。沟之东侧的原有空地，经师生整修后可作为操场和会场。无校门，无校牌，师生及来往行人均多着大兵服，像似一座兵营，怎么也想象不出这里是一所正规的大学。

虎啸沟内的学生大多为山西流亡青年，教师多为山西

1943 年在虎啸沟的国立山西大学部分女生

山西大學校刊

閻錫山

創刊號

發刊詞

本期要目

1943 年创办的《山西大学校刊》

学者名流。在烽火连天、家乡沦陷的战争岁月，这里却管吃、管住，甚至管穿，文化在这里得以绵延，心灵在这里得到锤炼。学生无不刻苦学习，奋发向上，教师无不循循善诱，诲人不倦。半个世纪后，当时为经济系学生的柴作梓对此学习生活仍深表怀恋：

这里没有成文的校训、校纪和校规，一切以教育部的规章为依据，条条照办，款款落实。条件确实太差，困难确实太多，但是这样的教师严教，这样的学生善学，教学质量基本上达到了应有的水平。这绝不是“假大空”，1943年有一批学生转学别的大学插班就读，没有发现差等生，有西北大学的，有武汉大学的，有复旦大学的，有东北大学的，有西北农学院的，这是事实。

虎啸沟不是藏龙卧虎，但虎啸沟的人，并不都是土里土气，笨手笨脚的山汉农夫、村姑农妇，也有见多识广的精英，多才多气的才女，他们的课外活动，文娱体育活动，相当活跃。（柴作梓回忆文章，存山西大学校史研究室）

1942年虎啸沟内斑疹伤寒的流行在校内引起极大惊恐。是年春末，儿童教养院首先发生斑疹伤寒，随即逐渐蔓延到秋林各地。校内教师康石庵、李经甫及法学院院长杨峻山等数人因患时疫相继病逝，虎啸沟内人心惶惶，谈

克难坡校址

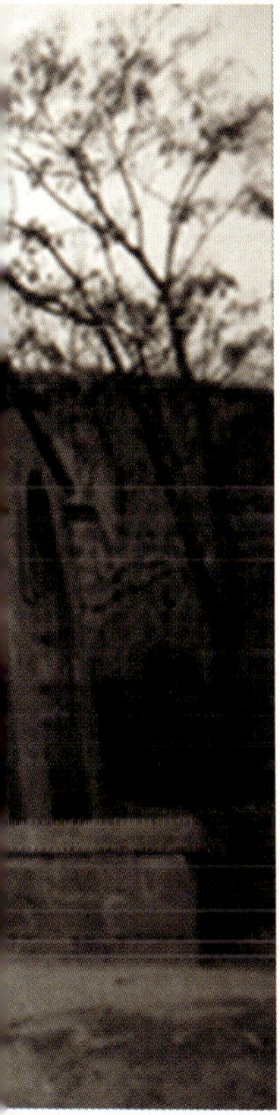

瘟色变。至暑期，外省籍教师马非百等数人纷纷借故辞职，年底，20 余名学生又因故逃离虎啸沟。在如此人心浮动的情况下，1943 年 1 月学校又奉命全部迁至克难坡。

克难坡位于黄河东岸，时为第二战区长官司令部及山西省政府驻地，在紧靠黄河边上的大小山头上，一个个土窑洞坐落其间，山西大学的临时校舍就安排在克难坡四新沟的窑洞里。兼任校长阎锡山就近“治理”，惯例便是每周在克难坡的洪炉台对师生训话一次，内容无非是中庸之道和阎氏哲学。克难坡上课的同时，学校加紧改善虎啸沟的环境卫生，并修建了简易平房数十间，至 1943 年 10 月底，全校教职员工又分批西渡黄河，迁回陕西秋林虎啸沟。

虎啸沟、克难坡时期，是山西大学办学条件极为困难的时期，也是一个艰苦奋斗、锤炼校风的时期。师生员工不畏困苦，弦歌不辍，在黄土沟壑中劲奏着民族文化的乐曲。1943 年 1 月，“以发扬文化，继承传统为己任”的《山西大学校刊》创刊；5 月，《山西大学考试规则》经校务会议通过公布；1944 年 1 月，被教务长徐士瑚称之为“山西大学学术研究第一声”的《虎啸》月刊创刊；5 月，全校教职员工举行校庆 42 周年大会；9 月，九一八纪念活动在全校展开，自立自强，收复失地，雪此国耻成为校内主旋律；1945 年 2 月，抗日青年远征军数十人离校出发；5 月，国立山西大学学生自治会成立；9 月，庆祝抗战胜利，

韩城校址

立山西大學校刊

(17)

請改給公費 部令飭轉照准

學公費及自費生

代電原文

1946 年 3 月山西大学返回太原的报道

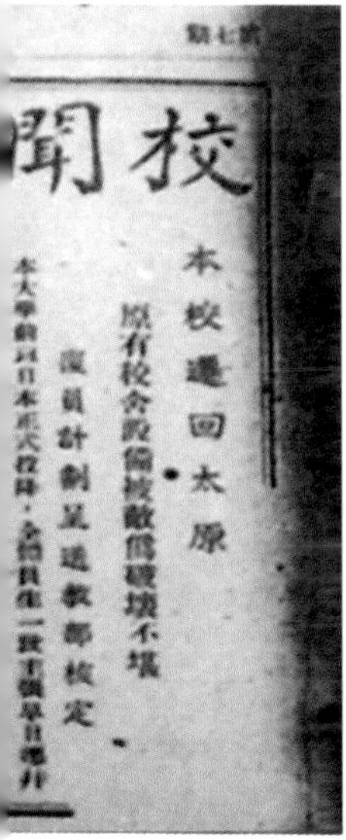

校聞

本校遷回太原

原有校舍設備被敵偽破壞不堪

復員計劃呈送教部核定

公祭抗战阵亡将士与死难同胞……

虎啸沟、克难坡时期虽是办学条件极为艰苦的时期，却又是学生学术和文体活动甚为活跃的时期。物劳学会、历史学会、外文学会、经济学会、文艺研究会、医学研究会、国学研究会、法学研究会等旨在探求学术的各类学会纷纷组建成立，各学会或定期邀请教授讲座，或定期就某一问题展开讨论，学术探讨的空气不可谓不浓。晋南剧社、回声歌咏队、篮球队等文体团队的活动，更给校园增添了多彩的色调。据载：1945 年 5 月，山大 43 周年校庆时，4 天之内学生文艺社团共演出话剧、京剧、晋省各路梆子戏 20 多种，每晚观众都在三四千人。校长办公室、图书馆、教员休息室，甚至教室的土墙上都出现了数十家社团展出的壁报，同学们满怀信心地讲道，在这样一种气息中，“我们似乎能够看到山西大学正在生长着的影子”。

春到人间草木知。1945 年抗日战争胜利的消息传至虎啸沟山西大学校园。1946 年春季，全校师生员工东渡黄河，辗转陕西韩城，重新回到阔别七年的太原侯家巷校园。

抗战胜利后的学生社团

抗战时期，山西大学漂泊不定，先后辗转晋南及陕西三原 、秋林、韩城等地，于 1946 年春重返太原侯家巷，结束了长达八年的流离岁月。

饱受流离困顿之苦，经历抗战胜利之乐。“全校师生竭尽所能，力事复兴。”5 月，徐士瑚被正式任命为校长。上任伊始，徐校长即飞往南京与教育部交涉，一时间，增加复校经费、订购图书仪器、聘请各科教授等各项工作均取得明显成效。加强教学，研究学术，复兴山西大学成为校园生活的主旋律。雨后春笋般出现的各类学生社团，丰富多彩的校园文化生活，就是此时山西大学“复兴”的一个侧面。

据 1947 年 5 月 20 日出版的《国立山西大学校刊》载，

当时各种学生学术研究会和文艺社团共有25个之多，兹将各团体及负责人名单照录于下：英文会：辛万成、刘义勇；历史学会：刘芳、林浩南；教育学会：高波；法学研究会：林天五、原哲甫；经济学会：马华、韩炤章；土木工程学会：孙清瑚、董致和；机电工程学会：秦振纪、吉三城；文艺研究会：齐植珩、洪耶；医学会：毕士奇；物劳学会：王维钰；回声歌咏队：兰献英、兰献文；音乐研究社：辛万成；话剧团：郭术星、谢惠蓉；国剧研究社：赵乾、林浩南；晋南剧社：孙清瑚；晋中剧社：白景齐、李桂良；记者学会：梁保民；青年俱乐部山大支部：杨冰圻、马建亚；中原壁报社：马建亚、苏焯；虎啸社：王继钰、穆运茂；冀声社：陈濬怀、赵乾；联友社：周必恭、尉迟华；Meoteor：吉三成、马建亚；寒风社：马作楫、洪耶；新生英文报社：马作楫、郭健。

在各类学生社团中，以“研究会”为名者大多注重学术研究，多数教师，尤其是著名教授，也极力支持学生社团研究活动。至1946年底，本校师生主编刊行的学术刊物就有多种：《大时代》周刊由法学院院长杜任之任主编，执笔者以文法两院师生为主，刊出28期；《经济》周刊由经济系教授兼训导长薛赠罗主办，作品多出自经济系师生，为当时太原市唯一的经济刊物，刊出27期；《文史》周刊由历史学会发行，史学系学生李吉麟负责主编，作者

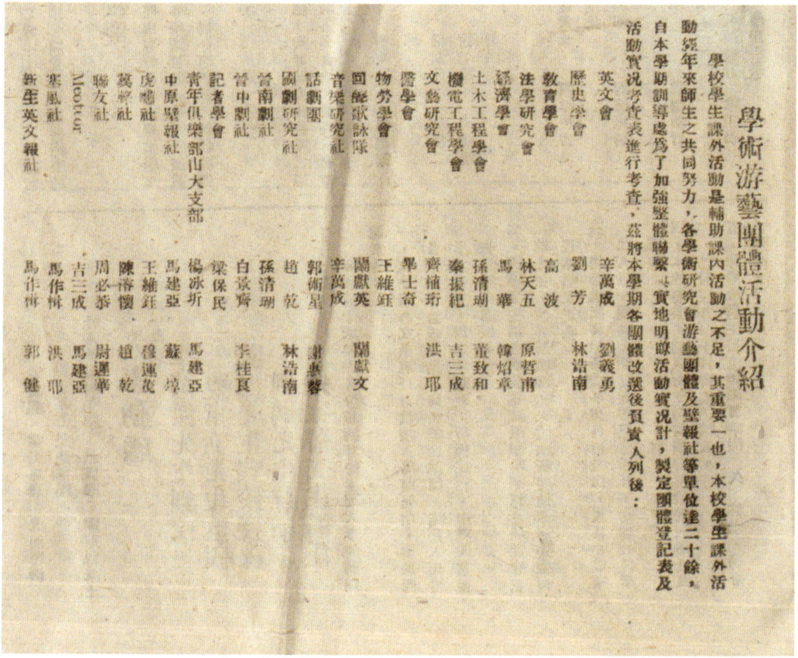

學術游藝團體活動介紹

學校學生課外活動是輔助課內活動之不足，其重要一也，本校學生課外活動經年來師生之共同努力，各學術研究會游藝團體及壁報社等單位達二十餘，自本學期訓導處為了加強團體聯繫，實地明瞭活動實況計，製定團體登記表及活動實況考查表進行考查，茲將本學期各團體改選後負責人列後：

英文會	辛萬成	劉義勇
歷史學會	劉　芳	林浩南
教育學會	高　波	
法學研究會	林天五	原哲甫
經濟學會	馬　華	韓炤章
土木工程學會	孫清瑚	董致和
機電工程學會	秦振紀	吉三成
文藝研究會	齊植珩	洪　耶
醫學會	畢士奇	
物勞學會	王維鈺	
回聲歌詠隊	關獻英	關獻文
音樂研究社	辛萬成	
話劇團	郭衛星	謝惠馨
國劇研究社	趙　乾	林浩南
晉南劇社	孫清瑚	
晉中劇社	白景齊	李桂員
記者學會	梁保民	
青年俱樂部山大支部	楊冰圻	馬建亞
中原壁報社	馬建亞	蘇　焯
虎嘯社	王維鈺	穆運茂
萬壑社	陳濬懷	趙　乾
聯友社	周必恭	尉遲華
Meoteor	吉三成	馬建亞
寒風社	馬作楫	洪　耶
新生英文報社	馬作楫	郭　健

学术游艺团体活动介绍

以史学系师生为主，“已颇为本市一般爱好研究文史诸先进之重视”；《医学丛谭》周刊，由医学院院长张效宗先生领导，该院全体师生共同执笔，刊出3期。如此等等。各类研究会都曾有计划地分别举行各种座谈会，就某一问题做“集体研究”，并邀请校内外专家名流来校做学术讲演，使“本校学术研究气氛，日趋浓厚”。

除此之外，各研究会大多定期或不定期登出形式活泼的各种壁报。较有影响的壁报有Meoteor、Sunday、《医学丛谭》《中原》《黄河》《虎啸》《风纪》《追求》《联友》等十余种。此类壁报内容贴近校园生活，形式活泼多样，师生甚为欢迎。校刊第四卷第三期（1946年12月10日印行）曾以题为《各种壁报踊跃出版研究辩论至为热烈》的文章予以报道：

星期日社之Sunday每期多以幽默之文字描素评述，《黄河》则标揭正义旗帜，向之论战，《火焰》系以纠正风纪为使命，《追求》系砥砺生活、追求真理为中心，《虎啸》复刊，宣示其将继续以往之荣绩，展开推动与研讨的任务，此外《宇宙线》亦已问世，《联友》正在编排中，大型报《壁垒》与《中原》于上期出刊后，深得一般好评。

音乐文艺团体在学生社团中数量不少，除有名的回声

国立山西大学自治会第一届理事会合影

歌咏队外，文艺研究会、音乐研究社、话剧团、国剧社，甚至不同地区的剧社约有近10种。此类社团旨在“课余学习音乐技艺，陶冶性情品格，并增进友谊”。柯秋楠在谈起回声歌咏队时不无自豪地写道：

> 他们是一群由自学而出身的歌手。
>
> 他们是一群本着互学互助精神而成长的歌手。

大学是传授知识、陶冶情操的场所，浓郁的文化氛围是学生健康成长的沃土。学生们自发组织起各类社团，研究学术、学习技艺、锤炼品格、增进友谊、唱歌跳舞、健身健心，我想，这些都是“素质教育”应有的题中之意。

《国立山西大学一览》概览

在现仍保存的中华人民共和国成立前山西大学校史史料中，1947 年由校方印行的《国立山西大学一览》（以下简称《一览》）可能是此前最为完整和系统的一种。

说来也真妙，此《一览》竟是应美国纽约大学图书馆来函索要而编写的。1947 年 1 月 20 日出版的《国立山西大学校刊》第四卷第四期有一则消息云：

本校一览正编印中

本大学近接美国纽约大学图书馆大学一览征集部来函索要本校一览，闻校方已经函复，原函略称："此项一览，正在编印，一俟出版，当即寄上"云（教）。

按，“教”即指教务处供稿。《一览》共84页，16开本。封面上的“民国三十六年 国立山西大学一览”为校长徐士瑚题写。首页为目录及1600：1之“国立山西大学全图”，末附“国立山西大学三十六学年度学校历”。《一览》出版月份不详，但据“大事记”及校历可知，此《一览》当在1947年9月后印行。

《一览》当时印行数量多少不得而知，笔者20世纪90年代初曾在校图书馆旧刊部发现数册，想社会上更不易多见。为保存史料，仅将目录照抄于后：

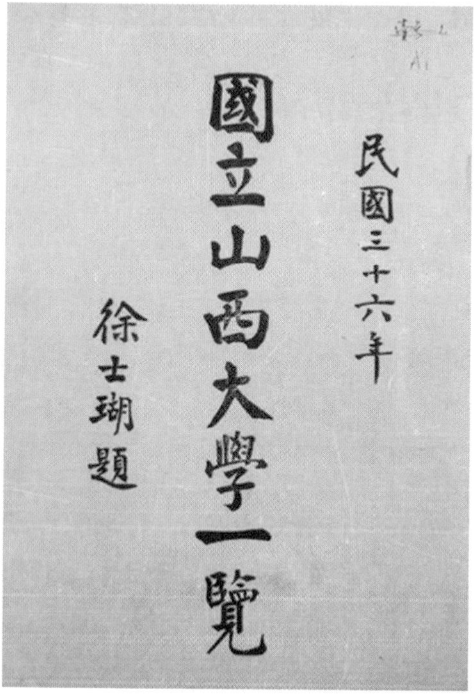

徐士瑚题写“国立山西大学一览”

国立山西大学院务会议规程

国立山西大学系务会议规程

国立山西大学财政稽核委员会组织办法

教员聘任待遇及服务办法

职员待遇及服务办法

国立山西大学职员请假办法

国立山西大学学生毕业论文指导办法

国立山西大学图书馆借阅图书规则

国立山西大学公费奖学金生领借膳费办法

国立山西大学学生生活管理规则

国立山西大学公费生审查委员会规程

本校医学院附属实习医院组织规程

本校医学院附属实习医院患者住院规则

本校医学院附属实习医院收费办法

本校医学院附属实习医院优待本校教职员工暨眷属及学生工友收费办法

本校医学院附设初级护士职业学校组织大纲

本校医学院附设初级护士职业学校课程及时间分配

本校医学院附设初级护士职业学校学生守则

各院系课程一览

文法各学院分系必修及选修科目施行要点

文学院各学系必修及选修课程一览

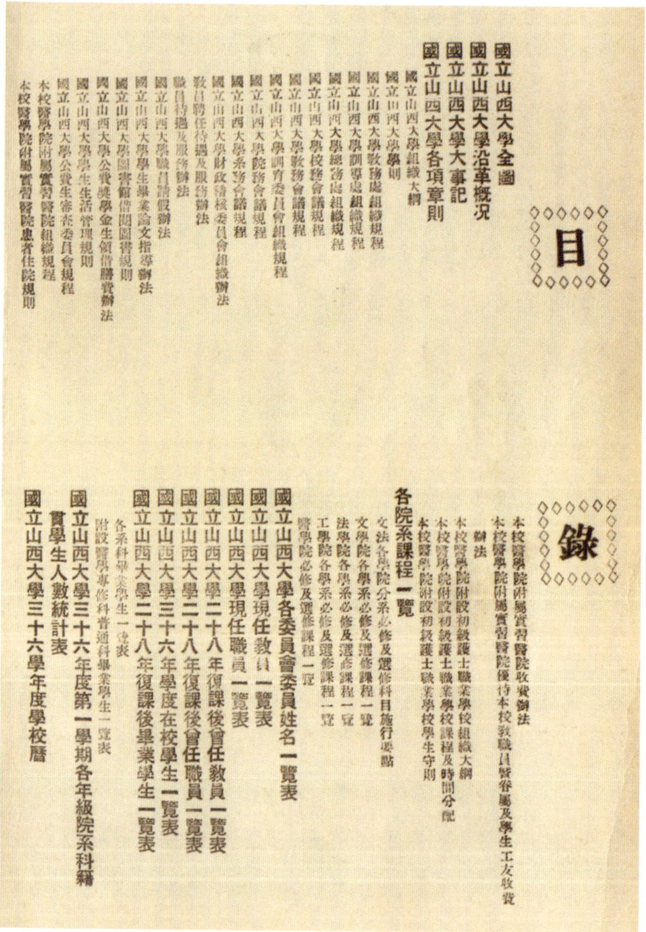
目錄

《国立山西大学一览》目录

法学院各学系必修及选修课程一览

工学院各学系必修及选修课程一览

医学院必修及选修课程一览

国立山西大学各委员会委员姓名一览表

国立山西大学现任教员一览表

国立山西大学现任职员一览表

国立山西大学二十八年复课后曾任教员一览表

国立山西大学二十八年复课后曾任职员一览表

国立山西大学三十六年度在校学生一览表

国立山西大学二十八年复课后毕业学生一览表

各系科毕业学生一览表

附设医学专修科普通科毕业学生一览表

国立山西人学三丨八年度第一学期各年级院系科籍贯学生人数统计表

国立山西大学三十六学年度学校历

从这册《国立山西大学一览》中，我们可以清楚地看到中华人民共和国成立前夕山西大学的概貌：四院七系：文学院（含历史学系、外国语文学系、教育学系）；法学院（含法律学系、政治经济学系）；工学院（含土木工程学系、机电工程学系）；医学院。在校学生 472 人；“现任教员”115 人，其中外国语文学系两位外教；下设行政机构有校长办公室、教务处、训导处、总务处及图书馆、仪器室、会计室、工学院实习工厂、实验小学校、医学院附属实习医院、注册组、出版组、生活管理组、课外活动组、体育卫生组、文书组、庶务组、出纳组等大小 18 个。

令笔者感慨的是，这样一册 16 开本，仅仅 84 页的《国立山西大学一览》，竟然囊括了一个大学的所有管理制度规则。除前后附有的地图和校历外，从学校的组织大纲（也就是现在的大学章程），教务处、训导处、总务处三大处的“组织规程”，院务会议、系务会议规程，到各专门委员会的规则和办法、各院系课程表，甚至“教员聘任待遇及服务办法”“职员请假办法”“附属实习医院优待本校教职员暨眷属及学生工友收费办法”等等均一一登册，一目了然。真是不敢想象，如果将现在全校各机关部门的各项规章制度汇总起来，且不要包括各院系的各项制度，我们也来编订这样一册《山西大学一览》，那该是多么厚厚的一本，或许一本根本打不住吧。

1947 年的历史系

笔者自 1979 年考入山西大学历史系，1985 年硕士研究生毕业并留系任教，至今倏忽已近 40 年，其间虽然有三年时间到中国人民大学在职读博士学位，但既然是“在职”，就还有教学任务。

校园内一直传闻敝系是山西大学历史上教学上乘、师资雄厚的“大”系。上大学期间我仍有幸亲睹郝树侯、罗元贞、江地、乔志强等前辈执鞭授课之丰采，业师乔志强先生“文革”后担任系主任多年，闲暇时也不时谈起些往年的人与事。然世事如烟，余又懒于脑记笔述，终不得一完整系统之印象。自百年校庆开始对校史产生兴趣后，翻检校史资料自然特别注意敝系信息。

1947 年校方编印的《国立山西大学一览》，既是了解

1951 年历史系师生合影

中华人民共和国成立前夕山西大学全貌不可多得的系统资料，又是了解各院系课程体系、教师阵容乃至学生情况的难得资料。今从《一览》中检得历史系有关信息，成此小文。抚今追昔，不免感慨系之。

先说课程体系。在“各院系课程一览”中，文学院历史学系赫然居首。统计四年共开设必修课程和选修课程57门，其中一、二年级必修英文，二年级以后可选修第二外语，体育则是大学四年中每年的必修课程。从分年级开设的课程来看，一年级主要是国文、中国通史、哲学、地理、政治、经济、社会、生物、心理、地质等综论性课程；二年级是世界通史、中外近世史、世界地理等；三年级进入学习断代史阶段，所开课程有隋唐以上断代史，西洋上古、中古及国别史；四年级主要是选修课程，包括宋辽金元史、明清史及史学史、史学方法、中外经济史、中国哲学史、经济史、外交史等；选修课程共15门，包括史部目录学、人类学、考古学、传记学、制图学、地史学、古文字学、社会心理学、中外史学名著选读等。可以看出，当时所开的课程是较为系统而全面的，尤其是与史学密切相关的一些学科，诸如地理学、社会学、心理学、生物学、伦理学、民俗学、人类学、传记学、制图学等，这些相邻学科的开设对学生掌握系统历史学基本理论方法，以及拓宽知识面大有裨益，惜现今这些课程在历史系的课程体系中已不多见。

大学时代的乔志强

这里还要说一下毕业论文。《一览》中收入“国立山西大学学生毕业论文指导办法”共八条，其中第二条规定“毕业论文之指导，得本校正副教授担任之”。第三条对“毕业论文性质与范围”规定得更为详细：

甲：对所学各科，在学理上有深入研究之必要者。

乙：对现社会之各种实际问题，有研究并解决之必要者。

丙：工程设计或研究报告。

丁：对外国名著及论文，有翻译之价值者。

戊：对专门著作有特殊研究者。

我想，用时下流行话语来讲，这种规定已囊括了“学术性”“创新性”“现实性”的要求。在如此论文选题的要求和专门教授、副教授的指导下，当时学生毕业论文的质量想必应有相当水平。我所知道的业师乔志强先生（行按：1947 年一年级生）毕业论文即是之前无人研究的辛亥革命前的山西争矿运动。未曾想到的是，以大学毕业论文为源头，辛亥革命前十年史竟成为先生毕生耕耘的重要研究领域。

再看教师阵容。当时包括系主任在内，共有教师 11 人。系主任：阎宗临（行按：1947 年尚未到校）；代理系主任：陈超；教授：张秉仁、李相显、俞静安、班书阁；副教授：

王葵经（兼秘书）；讲师：杜洽、梁祥厚、徐庆符；助教：张华。如此教师阵容，承担全系四个年级的全部课程，其工作量之大也可想而知了。

学生的情况更让人“大跌眼镜”。全系四个年级只有 28 人，其中一年级 9 人，二年级 7 人，三年级 6 人，四年级 6 人。年龄最小者 21 岁，最大者 33 岁。征询系内前辈，此名单还要打点折扣，这就是到毕业时已有部分学生因故而离校。学生人数之少，师生比例如此相近，与当今之现状相比，真可谓天壤之别了。

“先生努力教，学生努力学”

各位先生，各位同学：今天是民国三十六年的元旦，是抗战胜利后的第二个元旦，是新宪法制定后的第一个元旦，是本校复兴后第一个元旦，也是兄弟本人在本校和各位在一块过新年的第一个元旦，所以今天这个元旦，不但是全国国民都感觉得有重大的意义，全校先生和同学也一定是感觉得非常有意义的。兄弟自己，不用说，更是感觉着有特别的意义的。所以兄弟很高兴的借这机会和各位说几句话。

此为山西大学1947年元旦庆祝典礼大会上，教师代表、法律系主任徐光达教授讲话的“开场白”。中华人民共和国成立前的山西大学，每逢校庆日、“三原复课日”、“双

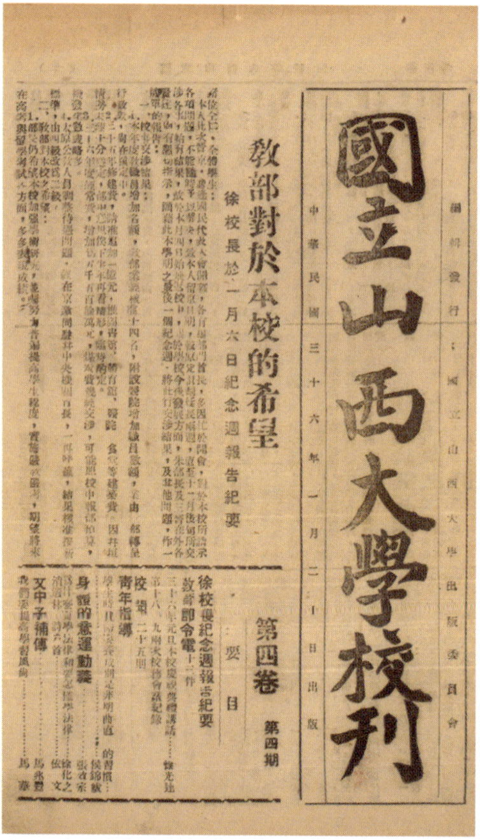

《国立山西大学校刊》第四卷第四期

法律系主任徐光达 1947 年元旦庆祝典礼讲话

十节”、元旦等重要节日，照例都要举行聚会和其他活动。从这个开场白可以想见，徐光达教授应是一位平易近人、性格爽朗的先生。面对眼前白发苍苍的先生和英气勃发的同学，一个开场白三次“称兄道弟”，那种亲近融和的气氛仿佛是可以感受到的。接下来的“几句话”确实也不长，上段是强调过新年的意义要“苟日新，又日新”，新的一年要有新的进步；下段结合“新宪法”的制定，强调“宪法为国家的根本大法”，“教育便是实行宪法最先决的条件”；最后，“我只说一句很简单的话，就是我个人和各位先生，各位同学，应该从今天起，先生努力教，学生努力学”（载《国立山西大学校刊》1947年1月27日第四卷第四期）。

“先生努力教，学生努力学”，如此简单直白的一句话，却是那样的打动人心！翻检百年山西大学仅存的有限历史资料，我常常被前辈的努力和敬业精神所感动。建校初期的艰苦创业，抗战时期的骡车奔波，中华人民共和国成立前夕的困苦迁徙，返回太原的激情复校，无论何时何地，教书育人、勤学苦读的努力总是这所百年老校的主旋律。总结山西大学百年办学的特点，或者说这所大学的精神，除了艰苦奋斗这一根本之外，笔者觉得从严治校也是一大特点，这一特点在她的前50年表现得尤为突出。

这里要举出的一个例证，就是中华人民共和国成立前夕山西大学的“职员请假办法”和“学生生活管理规则”，这两项都刊登在1947年的《国立山西大学一览》中。

《国立山西大学职员请假办法》共十一条，文字不足500字，规定却十分明了。诸如“职员非因婚丧疾病分娩及其他不得已事故，不得请假”；“请假不满一日者，得面请所在部门主管核准登记；在一日以上者，应签请各该处长或院长核准；在五日以上者应签由各该处长转呈校长核准。其假条于批准后均送人事室存查”；“未经请假而擅离职守，或假期已满仍未销假服务者，以旷职论。旷职在五日以内者扣薪，五日以上者酌予降级或停职处分”。

《国立山西大学学生生活管理规则》共十二条，对学生“操行成绩”实行“计分制”，在校学生每人85分，扣分加分规定十分明确。诸如“态度言语傲慢不驯者，每次扣二分，若对师长有上述情形则加倍扣分，其情节重大者另行议处”；“发生错误不接受纠正者，每次扣四分”；“不按时起床者，每三次扣一分”；“无故误自习者，每三次扣一分”；“吸食纸烟者，每次扣二分”；“全学期未犯错误受扣分处分者，加五分”；“有特殊优良表现者，每次加一分至十分”等等。

我们今天来看这些办法和规则，不免觉得有些过于细致甚至苛刻。教师没有请假而擅离职守，假期已满没有销假，五天以上就要扣薪，甚至有停职的危险。学生要按时起床，不得吸烟，对师长不可“态度言语傲慢不驯”，否则也有扣分的危险。但那个时候就是这样的规则，也是这样实行的，我看有些倒是最起码的要求，也是很有必要的。每个学校都有自己的校风和校训，也要有自己的校规，师生员工共同遵守，才能有一个教书育人、努力奋进的良好氛围。

“先生努力教，学生努力学”，这是前辈留给我们的诤言。

教授会及“集体请假”风潮

“教授治校”在中国高等教育史上并不是新鲜事，1949年以前一些知名大学大多有教授会之组织，而且也发挥过重要的作用。1947年5月成立的“国立山西大学教授会”可能是本校历史上唯一一个名正言顺的教授会，且以其以反饥饿为宗旨的“集体请假”风潮名垂校史。

据《国立山西大学校刊》第四卷第六、七期合刊载：1947年5月5日校长办公室召开茶话会，经济学教授王文光提议成立教授会，校长徐士瑚首表赞成，经讨论通过，共推王文光等6人为筹备委员。10日召开全体大会，通过教授会组织简章，投票选举杜任之、张秉仁、田雨翔、陈卓甫、王文光为理事（兼常务理事）。14日召开全体理事参加的第一次理事会，并通过决议案13件。

《国立山西大学教授会组织简章》分名称、宗旨、会员、组织、任务、会议、经费、附则 8 条。以“研究学术促进校务联络感情及增加本会会员福利”为宗旨，其任务分研究、增加本会会员福利、促进校务三大项，其中协同办理学报及其他出版事宜、协助学校建设及设计事宜、协助学校改进学风事宜、临时向校方建议等大多妥帖而实际。第一次理事会通过的 13 件决议案除致函各大学教授会及教育部报告本会成立、铭刻印章、照相聚餐外，还涉及请学校成立幼稚园及附设中学、制定改善学风方案、选举财务稽查委员会等内容。

值得注意的是，组织简章和决议案中，均对增进会员福利待遇给予极大关注。组织简章中有关增进本会会员福利事项中规定任务有“会员待遇之调整及生沽之改善”。决议案中两件更为直接：“请学校筹款向榆次一带廉价垫购食粮分售同仁。”“请学校按新订待遇标准尽先补发薪俸。”之所以将提高会员福利待遇看得如此重要，并不是教授们自私和小气，而是“薪俸所得，三口之家，已不得一饱”，此乃生活所迫也！可以断言，此后发生的全体教授“集体请假”风潮与此有着直接的联系。

1947 年全国各地到处是反饥饿的火海，物价飞涨，生活困难成为严重的社会问题。山西省城太原“物价冠绝全国”，“实超过京、沪、平、津各地两倍以上”，教授们

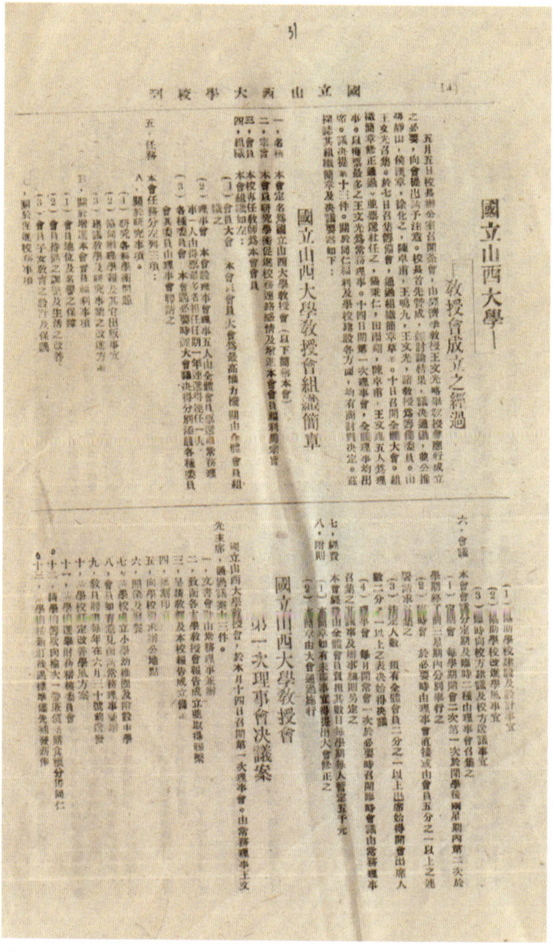

國立山西大學校刊 (4)

國立山西大學——教授會成立之經過

國立山西大學教授會組織簡章

一、名稱 本會定名爲國立山西大學教授會（以下簡稱本會）

三、會員 本校專任教師爲本會會員

四、組織 本會組織如左：

國立山西大學教授會第一次理事會決議案

《国立山西大学教授会组织简章》

甚至“面临断炊之境”，这是教授罢教的大背景。直接的原因则是政府对平津各院校教授配售实物，或发差价，而同为国立大学的山西大学教授们多次向教育部请求却未见应允。在此情况下，1947年11月29日，国立山西大学教授会召集全体教授大会，一致决议自12月1日起“集体请假一周”，并发表宣言，力陈主见。

因公赴京的徐士瑚校长得知全校教授罢课之事，立即电告教务长严开元，速劝全体教授上课，待回并后再设法解决生活困难问题。然风潮已经掀起，即呈不可遏制之势。2日下午，教授们在校文艺研究室举行记者招待会，省城各报社、通讯社及教职员学生代表50余人蜂拥而至，王文光、陈超等教授先后报告“请假原因”，学生自治会代表、职员代表、助教会代表纷纷发言表示支持。其中王文光教授的发言最能打动人心：

> 今为避免此西北最高学府之解体，为解救千百优秀青年失学之危机，为扶持国家此一线文教科学原气，为挽救全体教职员及家属之频于冻馁末路，经全体教授会议决，忍痛集体请假以示呼吁，并以最大决心，直至得到合理解决时为止……同仁等兹以沉痛之心情，作此悲苦之呼吁，并望全国社会人士予以同情与有力之支持。

王文光

3日，山西省政府主席阎锡山得到教授请假消息后，一面致电行政院，要求教育部迅速为山大教授配发物价津贴差价，一面通过省参议会转告教授会希望早日复课，并决定为各教授配售面粉。5日，教授会又召开会员大会通报情况，并决定在答应规定条件前提下，“同意下星期将集体销假”。

一波未平，一波又起。6日下午，校学生自治会召开理事与班代表会议，“从爱护教授为出发点”，请教授会维持不达目的不销假之原案，静候政府彻底解决，并以自治会名义将此决定写信致教授会。从此，教授“集体请假”风潮的焦点转而成为教授劝告学生复课。

7日下午，教授会召开会议讨论学生自治会给教授会的信，除对学生爱护教授的情意表示感谢外，鉴于教育部已向行政院呈请山大事，校方也决定暂垫物价津贴差价，社会各界也多表关怀，决定销假，并望同学谅解。11日，校方、教授会、学生自治会三方召开座谈会，讨论教授、学生复课问题，经三小时切磋，意见才渐趋一致。但学生自治会对复课事仍有保留，并提出需与全体同学交换意见，在理事与班代表联席会议讨论后方可最后决定。无奈，12日，严教务长又在校长办公室召开教授代表会，讨论如何督促学生复课，决定各院长、系主任分别召集该院系学生劝告复课。13日，校方已按照教授会要求垫发两个月的差价，并声明若教育部不予补发，此款由学校自行解决。但学生还是不为所动，罢课仍在继续。

校长徐士瑚的返校对此风潮的平息画上了句号。17日，徐校长“提前返校”，18日，邀全体教授召开茶话会，交换意见，通报“往返京沪，几经交涉”之结果：政府方面迄今未予具体解答，但“中近即可获示”，“在中枢救济未发表前，由省府暂借给专任教员每人300万元，职员每人150万元，以资维持”。教授茶话会后，徐校长又在第五教室召集学生自治会理事及各班代表“多方劝导”，学生全部接受，愿自19日起照常上课。至此，历时近三周的罢教罢课风潮遂告结束。

此次教授“集体请假”及由此引发的学生罢课风潮可谓一次温和的斗争。教授们“在此万不得已之情况下”集体罢教，但对学生学业仍念兹在兹。12月1日的最初宣言中即表示“至各级学生课业，虽在请假期间，犹愿随时辅导，俾免荒废”。次日王文光教授在发言中也恳切表达心愿：“吾等出此策以冻馁不堪工作，停止同学课业诚非所愿，所以希望同学于此间继续研究，毋荒学业，并愿课外随时负指导及解答问题责任。”此后教授们劝导学生复课更是苦口婆心，用心良苦。校长徐士瑚一面在京向政府力争解决问题，一面在千里之外心系校园，想方设法保护师生，当他在京得悉“集体请假”事发后，当即电告王文光教授“少上街”，以免发生意外。徐校长在后来的回忆文章中欣慰地写道：“轰轰烈烈的罢教罢课运动以获得胜利而结束。”

迁校北平　进驻瀛台

抗日战争期间，山西大学南迁陕西三原、宜川及晋陕交界的吉县克难坡。解放战争时期，本校又北迁北平及张家口。10 年间南北播迁，历尽风雨，而太原市侯家巷校园却两经洗劫，旧貌难现，真可谓“浮云一别后，流水十年间”。有所不同的是，抗战期间南迁属被迫无奈，中华人民共和国成立前夕的北上却是主动抗争。尤其是迁校北平，山大学生进而进驻中南海瀛台，这样的举动定会使今人感到震惊与不解。

有关中华人民共和国成立前夕山西大学迁校北平的史实，最为详细的记载莫过于当年“迁校委员会”主任委员马华所撰《解放前夕山西大学的迁校运动》（载《山西文史资料》第 17 辑）。现据马文及其他史料与回忆文章，略作素描。

1948年夏天，解放战争进入全面进攻、节节胜利阶段。时当太原面临孤城被围之际，阎锡山提出了“保卫太原总体战”计划，简单地说就是死守太原，山西大学师生面临充当战争炮灰之危险。7月1日，在进步教授王文光等人的支持与平、津学生反饥饿、反内战斗争的影响下，迁校运动以“反饥饿，要吃饭”的方式骤然展开。此日早晨，伙食委员会召集同学开会，通知停火罢炊，300多名学生敲着碗筷涌向南京教育部派来的会计、先前蛮横拒绝学生增补公费的徐秀溪住所。徐会计在被围被打的苦境下，挣脱跑至校长徐士瑚宅院，学生们又蜂拥而至，校长宅院一时水泄不通。自晨至午后，经数小时交涉僵持，徐校长无奈出面答应增补公费。时过中午，全校四个学生灶均无备饭，徐校长只好派人到街上买回数百斤熟食，300多名学生在校长宅院席地吃罢而散。

7月2日上午，“斗争胜利”后的数百名学生举行大会，成立以马华为主任委员的山西大学迁校委员会。然而，数百人由太原飞往北平，要由山西当局主管部门批准才行，斗志高昂的学生干脆来个“一步到位”。7月6日，迁委会派出马华、洪耶、高波三名代表面见山西最高长官阎锡山，提出派400人次的飞机送学生到北平的要求，阎锡山所思所想不得而知，结果是他答应了学生的要求，学生们

杜任之

还进一步趁势要阎锡山写信给时任北平市长的傅作义（山西荣和人），希望帮助解决学生住宿问题，阎也如法炮制，遂告在座的教育厅厅长刘逢炎办理。自7月10日至15日，山西大学文、法、工各院系学生共400余人，乘飞机分三批陆续飞往北平，下机后即直奔东四七条三十九号阎锡山公馆，是为“和平占领阎公馆”。

阎公馆毕竟不能完全解决上课、住宿问题，迁校委员会面临的当务之急就是寻找适当校舍，争取暑假后按期开学。先前已到北平的法学院院长杜任之带病四处交涉，同学们利用各种社会关系寻找线索，均不能如愿。半个月之后，马华只好拿上阎锡山给傅作义的信函面见傅作义。傅作义“诚恳答复”：凡北平市无人占用的房院，只要属于公家的即可暂时借住。学生们既已得到傅作义的“尚方宝剑”，想法果然非常大胆——中南海最合适。当时，中南海自日军侵占以来从未开放，时已辟为李宗仁副总统行辕，群众既不能游览，总统也不来住，正是“无人占用的房院”。

8月11日早晨，杜任之院长和北平市府社会局温崇信局长进中南海查看，迁委会认为时机已到，事不宜迟，次日一大早便向市府上函要求借住中南海。信函选定在上午下班前半小时送到，显然是迁委会的精心策划。上午10时许，全体同学乘六辆卡车直奔新华门，马华一人前去交涉，守门警卫队长及中南海事务管理所长均以未接到通知

1949 年 1 月，山西大学在京师生与北平市民一起欢迎解放军进城，庆祝北平和平解放

我世運足球隊

將在菲島熱身手

流亡學生待遇

教部召開會議商改善

師院被捕女生

趙淑英獲釋

周正西亦有下落

山大學生

要求撤銷中南海門禁

「報學雜誌」

九一節出版

今先出試刊號一期

山西大学进驻瀛台的有关报道

不予放行。马华可谓急中生智，声称数百人正在烈日中暴晒，“忍耐是有限度的，时间一长必然都要倒下来，闹起事来，你们也担不起责任”，中南海当事人不敢怠慢，答应让学生进门休息。一瞬间，随着马华手臂的挥动，六辆卡车鱼贯而入新华门，直奔原定地点——瀛台。瀛台一带涵元殿、翔鸾阁、春明楼等处住满了男生，女生则安排在勤政殿及附近房舍。谁能想到，一个月前还在太原“要吃饭”的300多名学生突然间住进昔日皇室王公起居的宫殿，“国立山西大学”的校牌从龙城侯家巷校门上突然间挂在瀛台翔鸾阁楹柱上。

8月13日既是一个欢呼跳跃的日子，又是一个饥饿难耐的日子。当同学们在饥饿中迎来黎明之时，10余名警察已被派来瀛台出入口“不许同学出入”。中午时分，阎公馆送饭同学送来米饭和窝头，连续挨饿24小时的同学当即摘下荷叶包大米，折下树枝当筷子，狼吞虎咽之情景可见一斑。14日，瀛台四周已被警察严密监视，只许迁出不许进入，300余名学生仍然没有饭菜可食。迁校委员会召开记者招待会，并发表《告各界同胞书》《告全国同学书》，说明迁入中南海原委及被困挨饿现状。15日，在政事堂举行记者招待会再陈事实真相，一切努力交涉均难奏效。16日，迁委会决定将所需食粮买进中南海，干脆就地起灶做饭，以此打破封锁，冲出请愿，之后便是学生与警察的多

张家口临时校址

次冲突。

中南海的墙外也不平静。山大学生进驻中南海后，在北平乃至全国引起轩然大波。《大公报》《益世报》《世界日报》连日不断报道此事件的进展，北平当局、山西大学校方及南京教育部也在频繁交涉，亟待了却事端。傅作义分别向教育部长朱家骅和山大校长徐士瑚连续发电，请求迅速派人赴平解决事端。8 月下旬，徐士瑚校长奉教育部令，派训导长张瑜等 40 余名职工抵平，下令解散迁校委员会，并宣布傅作义已拨出张家口王府一座，作为山西大学临时校舍。为了使学生撤出中南海而迁到张家口，校方明确通知，9 月份全体学生生活费只在张家口下放。随后，各报登出通告，开除马华、洪耶等学生骨干 6 人的学籍。9 月 5 日，学生们各自捆绑行李，自西直门车站乘车“被迫迁往张家口”。

张家口临时校址系前伪德王府，抗战胜利后划归察绥物产陈列馆，前后两院，两进两厅，均为平房，解决近 400 名学生的住宿和上课问题，实在不敷使用。加之，冬季来临，高原天寒，学生衣单被薄，困食病倒者不乏其人。无奈之下，10 月底师生又返回北平。马华回忆说，此次迁校张家口，“受尽颠沛流离和寒冬之苦”。

11 月中旬，100 多名新生又从太原乘机抵达北平，经多方努力，山西大学又在北平寻借校舍多处：校本部办公室设在东华门南夹道北平梨园办公大楼；文、法两院住东交民巷井陉煤矿公司大楼；工学院住东单东总布胡同某大院；医学院住东单苏州胡同棉产公司大楼及西河沿等地，各院系在校方统一安排下陆续开始上课。从现存《校务纪录》看，此时虽然时局紧张，校方仍尽了最大努力维持正常教学秩序，大到讨论迁校、经费、薪饷，小到商议节约用电、办公时间、学生补考等问题，称得上殚精竭虑、惨淡经营。

特别值得指出的是，山西大学迁校北平期间，虽然多受饥寒流离之苦，但师生们却与时俱进，投身现实，积极融入到反抗黑暗、迎接解放的火热生活中去。“和平占领阎公馆”后，山大学生即积极参与了北平学生抗议“七五流血事件”的斗争，他们与北大、清华、师大、燕大及迁平外地院校同学团结一致，互相支持，吸收新思想，传播新文化，共同开展反饥饿、反内战、反迫害的民主运动，共同迎来了中国人民解放军进驻北平。

1948 年山西大学迁校北平，正是“耿耿星河欲曙天”的岁月，也是百年校史中值得回味和纪念的岁月！

徐士瑚：功成身退的老校长

山大百年，督办、监督、校长总计有 30 多位，徐士瑚校长却是非常特殊的一位。徐校长主持校务在烽火连天的抗战岁月，可谓“受命于危难之际”；徐校长辞职则在新旧交替的中华人民共和国成立前夕，又似“芳林新叶催旧叶”；我对这位老校长久生敬仰，百年校庆前夕曾赴京专程拜访。最使我感兴趣的还是老校长新旧交替之际功成身退的辞职及心静如水的晚年。

徐士瑚校长辞职是在新中国成立前夕的 1948 年，其主要原因是他忽患斑疹伤寒。是年 1 月底，徐氏高烧 42℃，20 天后方才退烧，从此身体大不如前，此时他已有辞去校长职务的心愿。然而，时事的发展，文化人的良知又不容他稍有懈怠。1948 年 6 月底，晋中战役打响，省城

徐士瑚

太原将被中国人民解放军全面包围，山大学生为避免无谓牺牲，于7月中旬陆续乘机前往北平。山大校园被太原城防司令派兵占领，徐宅厨师、工友及车夫7人均被抓去当炮灰，家什物资荡然无存，徐校长此时心境如何当可想见。

1948年12月7日，蒋介石特派国民党中央宣传部长陈雪屏来京，在中南海召集14所国立大学校长开会，要求各校长动员名教授离平一齐飞往南京。下午徐氏召集全体教师宣布会议精神，并首先表示坚持留平，迎接解放的决心。8日，南京第一架飞机接走北大校长胡适与清华校长梅贻琦及名教授数人。10日，第二架专机又载走师大校长袁敦礼及教授数人，徐校长与王文光等山大教授则坚持等待北平的和平解放。

1949年5月初，山西大学奉令迁返太原，徐校长辞职的心愿又一次萌动。恰在此时，徐氏在京多次拜访了中华人民共和国成立初期铁道部第一副部长，原进山中学老同学武竞天，并提出将来辞去校长职务在北平教书的想法。就是这位武竞天的一席话对徐校长晚年的生活产生了深刻的影响，徐氏在回忆录中写道：

在与竞天的多次晤谈中，有两件事值得在此提及：第一，他严肃地告我："在新社会一定要慎言语，在党中央的方针政策范围内可以畅所欲言，一出此范围，则易招来

徐士瑚著译续集

政治麻烦；二要工作勤勤恳恳，认真负责。”这与我参加革命工作前决定的三少三不（少说话、少交游、少管闲事；不务名利、不谈政治、不写文章）的精神是相一致的，我就是根据自己的准则和竞天的告诫，平安度过了“文化大革命”前政治运动频繁的十七年。（引文不注者均出自《徐士瑚著译续集》）

徐氏在山大师生员工由平返并后的第三天，便按薄一波的意见找到时任太原市军管会主任的赖若愚，再次声明进一步发展山大的两项计划：一是将私立川至医专合并到山大医学院，二是将山西科学馆拨归山大，以便为恢复理学院做准备。6月12日徐氏郑重写好辞呈面交戎子和并请转呈赖若愚主任。三天后接到赖、戎二人批准辞职的公函：

士瑚先生：

并垣解放后，三晋高等教育事业，正赖先生宏谟擘划，发挥创造力。今先生竟以体弱脑衰恳辞，诚令人不胜怅惘之感。惟为国家为人民长远储才计，已由军管会特准所请，俾得安心休养。尚望珍摄，早日康复为幸，并请于暇时驾临子和处面叙衷曲。草此即致

敬礼

晚年徐士瑚与夫人渠丕洁在一起

1949年7月1日，徐士瑚校长乘专车离并赴京，实现了他“将分离四散的山大完整交到人民手中”的心愿。

42岁的徐士瑚辞去山大校长之后，1950年1月由武竞天派到北方交通大学编译馆任英文组主任，在此又工作38年直到1988年退休。此38年的教书生涯，对这位在清华大学前后受教6年，英德留学5年的文化人来说，既算是回归本业，又可谓如鱼得水。交大38年，徐氏除完成各种教学任务外，自修俄语，合计俄、英文字译为中文的文学作品在100余万字，其中有关普列汉诺夫、高尔基、契诃夫、莎士比亚、华兹华斯、狄更斯等名家作品的译本多为一时佳本。值得注意的是，“文化大革命”以前，不论合译还是独译作品，发表时徐氏绝不署本名，而署徐云生、云生、梁健民、徐汕洲等笔名，“皆以避嫌之故”，实在是恪守了他为自己所拟的“三少三不”原则。

粉碎“四人帮”后，徐士瑚“心情舒畅，精神振奋”。1977年暑假携子离京回到阔别28年的太原及五台老家探亲，此时他已71岁高龄。晚年徐士瑚情系山西，心系山大，他以全国政协委员、山西省祖国统一联谊会名誉主任身份，为山西的进步发展建言献策，为山西的对外交流铺路搭桥，对山西的文化教育事业多有贡献。1992年9月山西大学90周年校庆之际，徐氏以86岁高龄的老校长身份专程由京赴并参加了隆重的校庆活动，并赠送校图书馆英、

徐士瑚著《李提摩太传略》

专程由京赴并参加了隆重的校庆活动，并赠送校图书馆英、俄、法、德文文学图书130余种。也就是在此年，徐氏特将重新修订的《李提摩太传略》交由山西大学出版发行，这本《李提摩太传略》虽然没有正式出版，但又是国内有关李提摩太研究最早的著作，其中对李提摩太创办山西大学堂的史实尤为详当。

徐士瑚先生主持山西大学校务整整10年，炮火中复校，混乱中整顿，其呕心沥血，惨淡经营可谓尽职尽责。后半生的徐士瑚则淡漠人生，不图名利。老校长90岁生日时，在京山大学生数百人派代表前往恭贺，言谈中求讨“养生术”，老人当场以诗作答：

争问养生有何方？名利得失视等闲。
知足常乐更重要，有所寄托心更欢。

这是一位为山西大学做出重要贡献的老校长，这是一位值得尊敬的文化人。

邓初民：
1949 年后首任校长

1949 年后第一任国立山西大学校长是著名社会科学家邓初民先生。

话说 1948 年初，老校长徐士瑚因患斑疹伤寒已有辞职之意。1949 年 2 月 3 日，中国人民解放军庄严进驻北平城，22 日，北平市文教接管委员会即派华北人民政府教育部部长张宗麟等正式进校接管。5 月中旬，山西大学迁平师生陆续返回太原。6 月 22 日，军管会批准徐士瑚辞去校长职务，随即成立以张克昌教授为主任的校务委员会。9 月 8 日，华北人民政府正式委任“邓初民为国立山西大学校长”。校教授会、讲师会、职工会、学生会当即联名致电邓校长以示欢迎，山西省委、省政府亦驰电表示祝贺，身在北平的邓校长遂复电校务委员会：“初民菲材，忝长山西大学，

邓初民

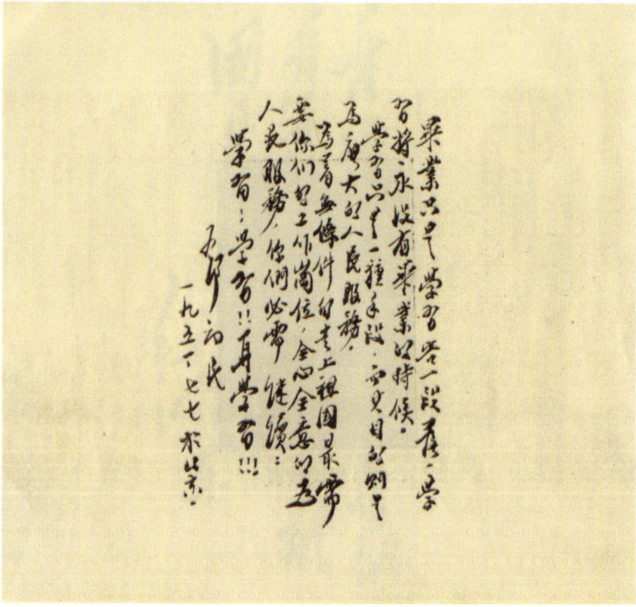
畢業只是學習告一段落，學
習將永沒有畢業的時候。
學習只是一種手段，而其目的則是
爲廣大的人民服務，
爲着無條件的走上祖國最需
要你們的工作崗位，全心全意的爲
人民服務，你們必需繼續：
學習！學習！！再學習！！！
鄧初民
一九五一、七、七 於北京。

邓初民题词

渥承欢迎，无任惶悚。一俟公毕，当即来校。”

邓校长复电中所称公事，实为此时他正作为中国人民政治协商会议共同纲领草案整理委员会委员，参加新政协会议筹备工作。不料，第一届中国人民政治协商会议尚未开完，邓校长便因病离会治疗，直到 1952 年 4 月身体状况好转后才来并到任。

邓初民先生既是一位能干的政治家，又是一位严谨的文化人。在京治疗期间，他心系山大，运筹帷幄，为山西大学这所老校在新时期的发展殚精竭虑地努力工作。华北人民政府的任命令即已下达，邓校长就对学校的发展擘画在胸。据 1949 年 9 月 15 日《光明日报》载：为了发展山西大学，邓校长提出一个迫切的希望，希望能有思想前进学识优良的专家、名教授参加到山西大学各院系来，山西大学竭诚欢迎文化界先进人士共同来参加这份文化建设工作。谈到今后山西大学的方针，邓校长说，任何文教事业都是离不开实际需要的，晋察绥蒙，尤其是山西全境煤铁储量丰富，为我国仅次于东北之重工业基地，为配合生产建设，为利用自然条件，山西大学今后发展重点应放在工农医学院方面，尤其是工学院。当然，山西大学对文、法、财政等系也应极为重视。事实正是如此，邓校长在京期间，拖着病体申请经费，争取设备，尤其是努力为山西大学聘请知名学者，可谓事必躬亲。李蓼源在《民主战士邓初民

邓初民校长与师生合影

在太原革命活动片段》（载《山西文史资料》第 20 辑）中提到，为求一位化工教授，主管部门有而不放，邓校长拖病面求何长工部长，硬是将这位教授聘来山大。有位湖北籍教授，因生活待遇问题，虽接聘书，仍犹豫不决，邓校长亲自去做工作，并以历史上楚材晋用的事实去说服鼓励，该教授深为感动，欣然拿上聘书到校报到。对前任徐士瑚校长，邓校长亦执礼甚恭，他曾答应特聘徐士瑚为山大文学院教授，月薪 1200 斤小米，折成钞票，从教育部发放山大在京眷属生活费机构径直领取（事见《徐士瑚著译续集》第 197 页）。在邓校长的努力下，中华人民共和国成立初期国内百余名知名教授纷纷应聘山大，添补了一些新兴学科的师资队伍，为日后山大进一步发展奠定了雄厚的师资力量。

1952 年 4 月，邓初民校长在“身体好一点的时候”正式来并就任校长，他对这所老校在新时期的发展充满信心，主持校务工作真是做到了呕心沥血。在校期间，除了繁忙的社会兼职外，他总是积极参加校务会议，听取院系汇报，提出建设意见，甚至在百忙中听过梁园东、江昭原等十几位先生的课。对此，邓校长的认识颇为朴实，那就是他常说的：“听课主要是学习，但也是校长的本职工作。”怀着对中华人民共和国建设的极大热情，面对朝气蓬勃的青年学子，邓校长经常以政治家和教育家的风采为师生做报

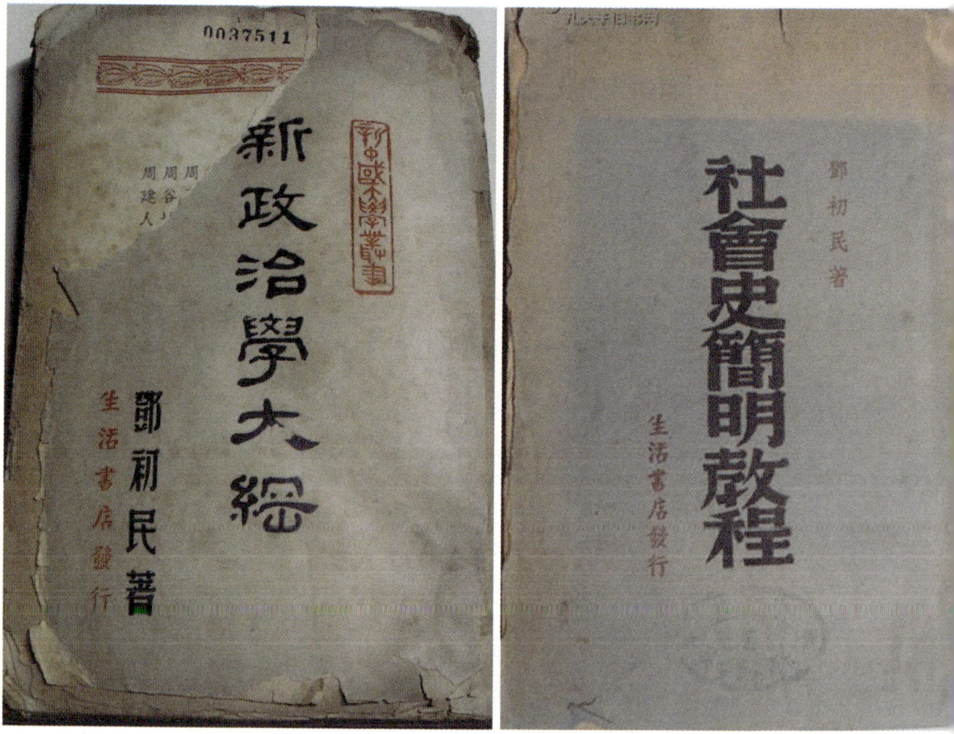

邓初民编著的教材

告，他讲国际、国内形势，知识分子改造，也讲党的历史、马克思主义哲学。他那魁梧的身影，赤红的面庞，飘逸的银发，安详的态度，笃实的学者风采，给一代山大人留下永远难忘的印象。兹引1953年10月14日邓校长致新生的欢迎词以窥一斑：

亲爱的新同学们：

你们从祖国各个地区来到这里，壮大了我们的队伍，增加了我们健康的新鲜的血液，我在这里表示由衷的热烈欢迎！

同学们！祖国的任何一块土地，都是可亲可爱的，我们这里也是同样可爱的祖国的土地，我们同热爱我们的家乡一样热爱它吧！

同学们！我们生活在伟大的毛泽东时代，我们生活在有计划的经济建设社会主义改造历史时期，摆在我们面前的唯一任务，就是准备做一个祖国建设的好干部。

因此，我们来到这里，一定要自觉的服从国家的统一分配，为加强我们的学习而奋斗！为把我们自己培养成为一个真能担负起国家建设任务、德才兼备、体魄健全的人才而奋斗！为完成祖国交给我们的任务而奋斗！

哲人日已远，典型在夙昔。半个世纪的岁月虽已流逝，邓初民校长的师长风范却在一代又一代山大人中间长久流传，他历经四个历史时期、沧桑90年的奋斗生涯已成为山大人引以为豪的精神财富：

邓初民，1889年出生于湖北省石首县一个贫苦的农民家庭。1912年考取宋教仁办的武汉江河大学，次年留学日本。1919年到山西太原进山中学和法政专门学校等校任教。第一次国共合作期间，任湖北法科大学教务长，经董必武介绍，秘密参加国民党工作。北伐攻克武汉后任湖北省政府委员，兼任武汉中山大学教授，并在毛泽东主持的武汉中央农民运动讲习所任课。“四一二”政变后转移至上海，参加党的外围组织社会科学家联盟，并担任“社联”主席，积极从事宣传鼓动工作，并先后在上海暨南大学、法政大学任教。1933年被国民党解聘后至广州中山大学任教，因支持学生抗日救亡运动被迫出走香港，后又辗转流离，受聘于广西大学。抗战期间，先在成都朝阳学院任教，后至重庆从事抗日民主运动。1941年在重庆加入中国人民救国会，1945年加入中国民主同盟并任中央委员，主编《民主星期刊》和《唯民周刊》等进步刊物。1947年由上海转赴香港达德学院任教。中华人民共和国成立后，历任山西省人民政府副主席、副省长，华北行政委员会委员，山西大学校长，第一至五届全国人大常务委员会委员，第二至五届全国政协常务委员会委员，中国政治学会名誉会长，中国民主同盟第三、四届中央委员会副主席等职，1981 年 2 月病逝于北京，享年 92 岁。

山西大学百年校庆之际，邓初民先生的大型雕像已耸立在这所与时俱进的校园。瞻仰邓老雕像，我仿佛听到了他的爽朗笑声。

1953 年的院系调整

1953 年全国范围内的院系调整是中华人民共和国成立伊始高等教育除旧布新的大手笔。接管整顿、健全组织、改造发展、扩充院系、增聘教师、改进课程、改造思想环环相扣，高等教育逐步向新民主主义道路前进的目标，在短短几年内得以实现。本着“扶助其旧，相当发展”的方针，先天不足、基础薄弱的山西大学也得到了时代的洗礼和新的发展，一所历经半个世纪风雨的旧式大学沐浴着中华人民共和国的阳光雨露，以新的姿态出现在黄土高原。

院系调整是在中华人民共和国成立初期高等教育快速发展的基础上实现的，就山西大学而言，它又是在接管整顿、改造发展的过程中进行的。1949 年 6 月初，当本校自北平迁返太原复课之时，全校文、法、工三个学院教职工仅 192 人（其中教师仅 74 人），在校学生 355 人；至 1953 年院系调整前，教职工增至 1078 人，在校生则达 2185 人。除原有的文、法、工三院外，理学院、农学院、医学院均成型挂牌，山西大学已成为一所名副其实的，包括文、法（财经）、理、工、农、医多学科的新型社会主义综合大学。

文学院。文学院原设历史、外文、教育 3 系。1949 年 9 月，文学院改称师范学院，历史系改为文史地系。1952 年 7 月，根据教育部院系调整指示，本校理学院并入师范学院，设数学、化学、生物、中文、外语、历史、教育系及中文、史地、数学、理化、生物、体育科，计 7 系 6 科，此为院系调整后师范学院（校本部）之基础。

法学院。1949 年 6 月，山西大学法学院改为财经学院，原法律系并入北京大学，院设经济、工商管理、会计 3 系。1951 年 8 月，本校将接收自铭贤学院的工商管理系并入财经大学。1953 年 8 月，奉教育部指示，财经学院并入中国人民大学。

理学院。1949 年 10 月，根据华北人民政府教育部指示，原中国大学理学院（行按：北平解放后并入北京师范大学改为北师大理学院二部）自北京迁来改为山西大学理学院，下设数学、化学、生物 3 系，以太谷铭贤学校及农场旧址为院址。1952 年 7 月，奉命并入山西大学师范学院。

山西大学财经学院教职员工学生合影（1953 年）

山西大学工学院化工系全体师生欢送毕业同学合影（1953 年）

山西大学师范学院外语系合影（1953 年）

工学院。1949 年 6 月，工学院有土木工程、机电工程两系。9 月，增设化学工程、矿冶工程两系。次年 6 月，又将矿冶工程系扩充为采矿工程、冶金工程两系。1951 年 8 月，铭贤学院机械工程、纺织工程两系并入工学院，机电系分为机械工程、电机工程两系。1952 年 7 月，奉教育部院系调整第一次指示，冶金系并入新成立的北京钢铁学院，纺织系、采矿系并入西北工学院。1953 年独立建院。

农学院。1949 年 7 月，华北人民政府教育部与太原市军管会批准山西大学成立农学院，以太谷铭贤学校校址及农场为院址，10 月，山西省政府又将太谷桃树岩及清源仁义村两果树试验园圃及其财产拨给农学院。1950 年 5 月，

邓初民校长与部分教师在一起

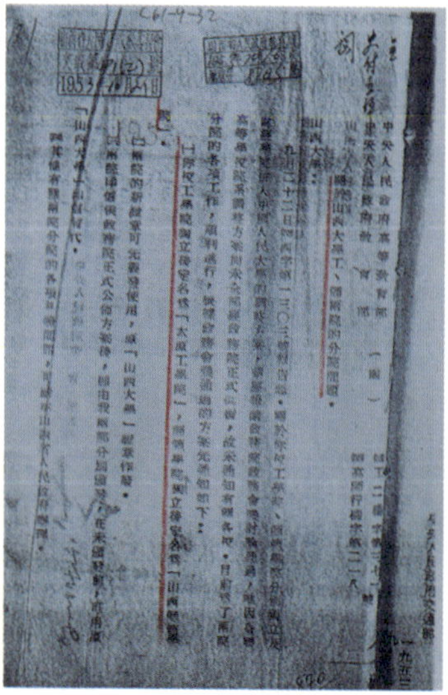
中央人民政府高等教育部（函）

山西大学：

1953 年院系调整函

山西大学呈报中央人民政府教育部成立山西大学农学院。9月，山西省委决定单独成立农学院，山西大学奉命移交铭贤学校校址及农场。

医学院。1949年6月，本校仅设医学专修科，附设实习医院和护士学校。7月，太原市军管会决定将山西省立川至医学专科学校及其附属医院并入山西大学医学院。8月，再将长治和平医专（行按：原1948年成立的晋冀鲁豫白求恩国际和平医学专科学院）、山西省高级助产学校（行按：原1943年8月在吉县克难坡成立的山西女子医学院）并入山西大学。1950年8月，医学院改归中央卫生部领导，行政建制仍隶属山西大学。1953年独立建院。

1953年5月，政务院批准实行《关于1953年全国高等学校院系调整计划》，本着"着重改组旧的庞杂的大学，加强和增设工业高等学校，并适当增设高等师范学校，对政法、财经各院系采取适当集中，大力调整及加强培养与改造师资的办法，为今后发展准备条件"的原则，在全国范围内进行大规模院系调整。5月29日，山西大学接中央人民政府高教部、教育部公函指示，工学院、师范学院分别独立建院，财经大学并入中国人民大学。工学院独立后定名"太原工学院"，师范学院独立后定名为"山西师范学院"。至此，山西大学的院系调整宣告结束，原山西大学建制自1954年1月15日正式撤销。

山西师范学院校门

1953 年 8 月，财政学院迁京并入中国人民大学。1954 年秋，师范学院迁址太原市南郊坞城路。1958 年夏，工学院迁址太原市汾河西迎泽西大街。侯家巷老校园又怀抱上一所太原师范学校来。

人事有代谢，往来成古今。1953 年院系调整的得失固且不论，将山西大学称之为三晋高等教育的“母机”则毫不为过。

侯家巷校园回眸

山西大学自1902年建校一直到1954年暑期为止，校址一直在侯家巷（今太原师范专科学校）。世纪变迁，物换星移。当年老校园多数建筑虽已不复存在，然寻根溯流，征诸文献，仍可窥见布局精巧、设计独到的老校园风貌。

1902年5月8日正式成立的山西大学堂，最早的临时校址在文瀛湖南的乡试贡院，即今太原市儿童公园内。这就是巡抚岑春煊在《设立晋省大学堂谨拟暂行试办章程》中所说的“拟先借贡院略加修葺，即于四月初一日（阳历5月8日）开办”。

6月7日《中西大学堂改为山西大学堂西学专斋合同》二十三条签订后，岑春煊即将当时太原城内最好的建筑物——皇华馆学台衙门拨给西斋总办李提摩太，作为西斋临时校舍。大学堂中最年轻的西斋化学教师新常富（瑞典人）将此称作“皇家花园”，并以极富诗画色彩的笔调写道：

> 不管人们对我们这个简陋的教育中心说些什么，不过有一件东西正是我们可以吹嘘的：我们有着世界上最具审美趣味的大学建筑物。每当太阳慢慢下落并透过那垂柳映照过来时，那建筑设计巧妙的美感，那和谐撩人的色彩就显现出来；那浑圆的屋顶、那别具风格的门廊就显露出它的光彩。傍晚，在我离开校园之前，有时不由自主地停下脚步，默默痴情地让那目光溜过那迷人的斑斓色彩画面。

1903年春季，根据《二十三条》第八条规定，大学堂“会请巡抚勘明地段”，以洋元四万之数购得侯家巷民地200余亩，由西斋总教习敦崇礼负责动工兴建校舍。春华秋实，经过一年半左右时间的紧张施工，1904年仲秋新校舍主要建筑竣工落成，中西两斋同时迁入。直至1911年辛亥太原起义前，“大学一堂，建筑完备，已无遗憾”。

侯家巷校园是中西建筑完美结合的整体。两层砖制拱形大门坐北朝南，大门外对面是按中国传统建造的照壁，照壁后东西两侧是典雅的牌坊，一座牌坊上书写“登崇俊良”，另一座牌坊上书写“尊广道艺”（行按：以笔者之见，这就是山西大学最初的校训）。跨入大门，首先映入眼帘

山西大学堂主楼

孙中山在山西大学演讲

山西大学堂图书馆

的是草木花香的花园，接着就是那座有名的大礼堂。据载，大礼堂为山西省第一座无梁无柱的建筑物，由西斋教习瑞典人新常富亲自设计，其宽大程度足可容纳彼此隔离的单个座位 300 个。1912 年 9 月 19 日，孙中山北上山西曾在大礼堂做《谋建设需扫除旧思想》的讲演。1937 年 9 月 20 日，第二战区民族革命战争战地总动员委员会在此召开成立大会，周恩来、彭德怀等中共代表应邀出席，周恩来还在此

山西大学堂礼堂外景

山西大学堂一角

做了重要讲话。

大礼堂的后面是校图书馆。图书馆房顶中部设有钟塔。馆内既有国内新近出版的最好的教学参考书和西方文学精品丛书，又有李提摩太赠送的大量西文书籍及中英文杂志。就馆藏而言，山西大学堂图书馆的藏书可谓国内上乘。另外，图书馆又是平时教习讲演的场所，每逢讲演时间，据云都有一位鼓手击鼓以招来听讲者。暮鼓晨钟，书声琅琅，不禁使人浮想联翩。

校园的西北角坐落着一座古朴的大成殿（文庙），殿内设孔子牌位，红砖黄瓦，典型中式。殿前有高台，可容500人同时行跪拜礼。据云，清末每逢初一、十五，全校教习、学生仍要齐集大成殿礼奠至圣先师。校园的东北角则集中了西斋教习宿舍，一律为西式建筑，校长住房也在其中。西斋教习宿舍前部为法律、文学、生理、数学诸科大而明亮的教室以及物理、化学、工程、绘图实验室、阅读室、博物馆、体育馆、会客室等建筑。

校园的东南、西南两角分别是校役的宿舍，大成殿以西的大片中式瓦房，则是中斋教员的宿舍区，再往西也是20排的中式瓦房，这就是两斋学生的宿舍区，每排12间，共计240间。学生宿舍的两端分别设有厨房。

这就是清末山西大学堂的最初风貌。

民国以后，随着招生数量的扩大和工科的发展，1917

年修建工科大楼，同时拆掉了大门牌坊和花园，仅留照壁，照壁以南则变为操场。中华人民共和国成立后，大成殿逐渐被拆除。1953 年院系调整，师范学院和理学院迁往坞城路，后工学院迁至河西新校址，大学堂原校址被太原师范学院占用。“文革”后，太原师范学校他迁，原校址又被太原师范专科学校占用（今归太原师范学院）。1998 年，太原师专整修校园，又将有名的大礼堂拆除，甚为憾事。

有幸的是，1917 年修建的工科大楼至今尚存，并被列为山西省省级文物加以保护。

岁月流逝，沧桑百年。太原市侯家巷山西大学堂老校址依旧可寻，阳光下它在微笑。

附录一
建校初期文献六则

上李傅相办理山西教案章程

光绪二年至十二年，太在山西时，官民接待尚好，万不思去岁杀害中外教会人数千，此真亘古未有之奇变。今杀外国人之罪，有各国钦使与中国全权大臣商办，太毋庸参末议，惟办理耶稣教受害华民章程，谨拟七条，恭候傅相核夺施行：

一、各府州县杀害教民之人甚多，本当按律正法，但太知此辈受官指使，又受拳匪迷惑，不忍一一牵累。惟各府起乱，首匪当惩办一人以示警，若晋抚果能剀切晓谕，使彼等痛改前非，敝教亦将首匪从宽免究。

二、晋省地方绅民胁从伤害教民之人，虽宽其死罪，却不得推言无过。凡损失教民财产，必当罚其照数赔还，并无依之父母孤儿寡妇，必为事奉抚养。

三、共罚全省银五十万两，每年交出银五万两，以十年为止。但此罚款不归西人，亦不归教民，专为开导晋省人知识，设立学堂，教导有用之学，使官绅庶子弟学习，不再受迷惑，选中西有学问者各一人总管其事。

四、凡教民被害各府州县地方，当立碑纪念，叙明匪徒犯罪源流，教民无辜受害。

五、耶稣教五会中人有杀尽者，亦有回国者，不能一时来华。俟外国再派教士来时，晋省官绅士庶当以礼相待，赔认不是。

六、要永息教案，中国官待教民，当如待教外人一视同仁。如果犯法，自应按律严办。若有功劳，亦应保举作官与教外人同。凡照此办法，无论中外古今从未见有不相安者。若或不然，欲求无事，恐不可得矣。

七、经此次议结之后，凡以前作乱首从之人皆有名单存案，若不悔过，再行难为教民，必当按律严办不赦。查山西耶稣教原有五会：一曰浸礼会、一曰内地会、一曰公理会、一曰自立会（寿阳会，后并入浸礼会）、一曰福音会（又名军学会、救世军）。

今商拟以上七条，皆公同叶守真、文阿德各会酌定，非太一人私见。事虽主于保教民，其实保晋省太平之道亦不外此也。若果能再立时，设法请精于铁路、矿务、制钢并商务、农务等学之西人，或总理，或协办，期于必成。如此，则体上天好善之心，联中外和好之局，将来可以永息教案，并可讲求一切养生防灾之术，使从前无用之地变为有用，不至困穷，利源外溢，为人侵夺。凡此等事，太前二十年曾为傅相与张香帅言及，亦以为当办。后因事不果，今祸患愈深，殊可叹息！然亡羊补牢未为晚也。果肯照以上章程办理，大祸犹可转为大福，不知高明以为何如?

（摘自杨凤藻编：《皇朝经世文新编续集》卷 19，台北：文海出版社，1966 年，第 1410—1411 页。）

晋省开办中西大学堂合同八条

大清国兵部尚书巡抚山西等处地方兼管提督事岑

大英国总办中国广学会兼办理山西耶稣教案事李

为教案议结公立学堂合同事。

照得去年山西教案之钜，为中国各直省所无前，时外国兵官欲攻伐山西，照天津保定办法，经本教士阐明救世教宗旨以善胜恶，不宜尤而效之，前议遂寝，故今日办理山西教案力主和平，除前英美耶稣教各会议结财产外，犹有建立学堂一件必须举办，方能了结人命全案。今本部院札委大挑知县周之骧亲赴上海广学会订立建学合同二份，一存山西抚署，一存上海广学会总局，先借用苏松太道关防以徵定局，再请前山东即用知县林朝圻亲赍合同二份同周委员赴晋瞻谒贵部院领取印押，一呈贵部院，一交本教士，各执为凭，所议条款列下：

一、山西教案之起由于官绅不达时务，今大局议和非广开民智难保永远太平，此次开办学堂，晋省筹出经费司库平纹银五十万两于合同画押后两月内先交银十万两，光绪二十八年再交银十万两作为立学费用，随时在藩库支取。下余三十万两，自光绪二十九年起分六年交清，每年交银五万两，至光绪三十四年为止一律交清。第一期在沪交盘费水脚银两在正项外，第二期至第八期就近在晋交兑。先期照会本教士定夺，均按照库平纹银交收，其每年交银之期以华六月交一半十二月交一半，如届期不交，应按照所欠银数以八厘行息，何时交清即行停业。

二、此次开建学堂，考究中西有用之学，自合同画押之日起，十年以内归本教士总管，一切章程课程均由本教士斟酌妥订，务尽美善。十年限满，交还晋省自行管理，一切章程课程悉听晋省酌量择善而从，其学堂房屋家具书籍仪器等项，一并交还晋省，概不抵价，俾敝教会爱晋之意，永远常留。

三、总管学堂一切事务，应用中西各一员必须熟悉中外情形者，意见方能融洽，由本教士选举，由本部院札委。

四、学堂延请中西大教习各一员，必须品学兼优者，其余小教习，临时酌定，俱由本教士访荐，由本部院聘订。

五、开办学堂之始，必须购置宏广地基为永远计，其购地建堂置备书籍仪器价值，堂中员役薪工及一切杂用均在每期所交经费内开支，其堂中应招应补学生由华洋总办随时禀明本部院出示招考，并晓谕绅民，使知此次立学大有益于山西，不得阻碍疑谤。

六、学生毕业由华洋总办考取申送本部院会同学院覆考，至学生如何录用，现已奉旨饬令各省遍设大学堂，应俟政务处颁到章程后照章办理。晋省现已设立大学堂，此中西大学堂与晋省大学堂并京师各省大学堂一样看待，学生也一样录用。

七、此学堂即名为中西大学堂，原为开启民智联合中西起见，各将此情节，由本部院奏明皇上并钦赐堂额一方，以昭正大。

八、总管学堂中西各一员，教习学生华洋各一人，如有意见不同之处，恐生嫌忌，具由本教士做主，会商贵部院秉公办理。

以上八条，具因本年四月二十日上李中堂议结山西教案章程七条内六条经贵部院饬洋务局协同耶稣教各会遵照章程办理在案，应毋庸议，惟原章第三条建立学堂一节，今蒙贵部院札委大挑知县周之骧来沪面订以上八条章程，现已均各照办所有，山西耶稣教各会全案人命及上年一切事故概行议结，永不再提，恐彼此无据，缮写合同二份，各存一份备查。

大清光绪二十七年十月山西巡抚岑、西历一千九百零一年十一月广学会总办李。

（摘自《另议中西大学堂改为山西大学堂西学专斋合同》末附之《中西大学堂合同八条》，光绪二十八年五月刻本，藏上海圆明园路中国基督教三自爱国运动委员会图书室。）

设立晋省大学堂谨拟暂行试办章程

头品顶戴兵部尚书衔山西巡抚臣岑春煊跪奏，为遵旨设立晋省大学堂谨拟暂行试办章程缮单，恭折具陈，仰祈圣鉴事。窃臣恭读叠次谕旨，饬令各省开办学堂，并令仿照山东章程举办等因。仰见我皇太后、皇上，挈三代致治之宏纲，括欧美浡兴之要道，作人盛治，光启中兴。薄海臣民，同深鼓舞，节经恭录谕旨。咨商学臣，檄饬司道，悉心筹议，刻期举办会商，再四佥以为。《山东学堂章程》本极周密，亟当仿照，惟晋省情形略异，尚应因时因地稍有变通，谨将臣与学臣及司道所拟大概办法，为皇太后、皇上陈之。

一、筹经费。各国学校岁需数千百万，其尤者至与兵饷相埒，目今晋省困于财力，遽难大启宏规，山东学堂经费岁需银六万两，晋虽竭力核减，至少亦需银四万余两，建堂购书置器等费，均不在内。查光绪二十四年，前抚臣胡聘之因奉旨饬设学堂，曾经奏奉部覆准于厘税项下动银六千两作为学堂经费，又晋阳令德两书院原有支款一万两，此两款均请尽数拨用，尚不敷银二万数千两，兹于无可设法之中勉强搜掘，惟有仍照山东成案，整顿税契每年约可长银二万六七千两，亦即全数拨用，以为常年经费，先行开办，续议扩充。至外府州县书院原有之经费，其每年实银在六百两以上者不足二十处，已饬先行尽款改设中小蒙养学堂，余或每年仅有钱文一二百千三四百千不等，尽款改设亦苦不敷，拟暂令归并合办，一面通饬就地设法筹款，并力节不急之费，逐渐推广，以育多才。

二、建学舍。前代学宫养士近万，私家学校亦累千人，欧美一院生徒均在千人以上，晋省现因限于经费，是以内班学生暂以一百六十名为额，然异日通省中小蒙养学堂溥开，每府厅州县即以升送十人入省学堂计之，一百十七府厅州县升送学生之数，已在千人以外，况自备修膳来学之外班学生，名数尤难限制，此时拟建之讲堂斋舍饭厅操场，以及浴堂药室仪器实验各房、藏书印书等楼局，必须按照后日推广规模建造，方免届时展拓为难，省城旧有晋阳令德两书院，令德逼近衙署，局势偏狭，晋阳在城内东南隅，旁多隙地，现已就晋阳基址，派员详加勘估需用工料银两，就地实无从筹划，应请恩准作正开销，惟学堂工竣需时，刻下所调各属生徒陆续至省，未便令其久候，拟先借贡院略加修葺，即于四月初一日开办，俟学堂落成，再令迁入，其外属各学堂亦令视原有书院之广狭，酌量扩充改建，以便开学。

三、选生徒。中西诸学各有门径各有等级，非循序不能成功，非分科不能深造，东西各国学制，无不从蒙学入手，层累至于小学中学大学，方为毕业之常第，值此时艰急何能待。且各属中小蒙养学堂既令同时并举，尤须亟储师范以宏启牖之资。查山东学堂学生系专就年在二十三岁以下者挑取，是以只能编入备斋，专斋姑从缓议。而江苏南菁书院改设之学堂，则专斋正斋备斋同时并立，一为津梁初学，一为鼓舞高才，制虽略殊，所以仰体朝廷育才之意，则一也。晋省虽称简陋，然国初及近年，晋士以朴学著称者，颇不乏人，自升抚臣张之洞设立令德堂，前抚臣胡聘之奏增令德堂政治天算格致课程以来，士之究心经史实务者，往往而有此等高才生，自应仿照南菁书院成案编入专斋，俾精习专门，便可上备论官下供教习。至正斋备斋学生，纵照山东以二十三岁以下者挑取，亦非真正合格之选。拟亦暂将年齿一节从宽，惟取经史各学之稍知门径者，盖此次教法略用速成之意，且风气甫开，若遇于严，恐多士易生疑沮，室塞新机也。一面仍当督饬，迅设蒙养学堂专教髫龄子弟，以储真正合格之选，以后专斋正斋备斋如有缺出，即以蒙学层累而升者补之，十年之后，专斋诸生无有不循序渐进之人矣！

四、订课程。学问之道，非身入其中者不能知其中之甘苦，所入之深浅不同，所知之甘苦亦不同，毫发不能假借。中学课程，华人自能妥订，至于西学，将以华人拟定，则仅得皮毛，难求实际；将倚洋员拟订，则专门各种只有偏端，势非遍延各国各种学问之专门名家来华，体察中国今日教科情形代我筹维，何学宜先，何学可缓，何者为初级，何者为高等，广益集思，分类编成课本，未能收取人为善之效。顾如此办理，断非一省财力所能为，既有不能，则是虽云采取西学之长，其实仍茫无依据也。是以臣此次拟定晋省学堂课程，西学除算译及溥通学中之格化外，余多从缺。专斋虽亦立有格化门类，然亦冀作后图，非敢略西详中，仍为不达时务之学，盖以与其多设皮毛之西学，劳神旷日，不如令注重根底之中学，由源及流，且此亦为暂行章程教法，次第究应如何，张百熙《奏办大学堂折》内原有议订通章编发课本之说，容俟张百熙将通章课本奏经钦定颁行到晋后，再当更正。

五、议选举。政务处礼部会奏学堂选举事宜，疏称小学毕业学生考取合格者选入中学堂，毕业后考取合格者再送入大学堂，毕业后考取合格作为优等学生咨送京师大学堂复试，候旨钦定为举人贡生，贡生仍留下届应考，举人积有成数由京师大学堂咨送礼部奏请特派大臣考试，候旨钦定作为进士等因，详绎政务处礼部之意，重在真正毕业，即可予以出身，不明定年限，良以学者智愚不一，毕业之迟速即不能同，若必悬一年限，比而同之，则才者或不无迟回有待之虞，不才者又或有竭蹶不遑之概，然若竟不定一年限，亦觉依据毫无。覆查袁世凯奏定备斋至专斋毕业年限，共须十年，张百熙奏定预备科至专门毕业年限共须六年，而速成科内入师范馆之举贡生监三年毕业后系生员者准作贡生，原系贡生者准作举人，原系举人者准作进士，参考京师山东两案出身与政务处礼部奏定者无异，而毕业年限迟速迥不相同，京师大学堂为直省学堂所会归，毕业年限似宜与之一律，拟请晋省学堂专斋正斋备斋均以三年为毕业，其有不及三年即经毕业、已满三年犹未毕业者均另为一班，于其毕业时，分别考试，升送用资策励；至专斋学生毕业后，如有原系举人者可否并准援照张百熙奏定师范馆成案，候旨赏给进士之处，伏乞睿裁。

六、习礼法。今之学堂即古之庠序，应于大学堂内通祀至圣先师孔子暨四配十二哲先贤先儒以符释奠之义，由总教习等于每月朔望率同诸生行礼，恭逢皇太后皇上万寿庆典、元旦长至令节，总教习等均率同诸生照例行礼，以明宗圣尊王之道；每朔望宣讲，总教习等皆宜以四术八行殷殷劝诲，勖之以立德立名，诫之以移郊移遂，气节法东汉，性理宗两宋，则有本有文，庶不致如王氏新学，翻坏人才；明代复社，徒滋横议矣。

以上六条，约举大纲，所拟办法课程考校诸条另缮清单，恭呈御览。第臣本无学识，未达古今愚瞽之思，敢云或当，况学术邪正，实系安危，方今士习浮嚣，危言日出，全赖昌明正学，救敝扶颠……所有遵旨开办晋省大学堂缘由，理合恭折具陈，伏乞皇太后、皇上圣鉴训示，谨奏。

（摘自中国第一历史档案馆编：《光绪朝硃批奏折》第一〇五辑，北京：中华书局，1996年，第489—493页。）

中西大学堂改为山西大学堂西学专斋合同

查光绪二十七年十月，山西巡抚委候补知县周之骧在上海原订之合同第六条内载“晋省已设立大学堂，此中西大学堂与晋省大学堂一样看待”云云，语极分明，原系两事，今广学会总办李提摩太，因念款系晋省所筹，不如归并办理，庶几用款少而成功多，因与巡抚并通省官绅，和衷商订，拟列条款如左：

第一条，商定此后将中西学堂名目改为西学专斋归入晋省奏设大学堂办理。

第二条，前订合同所指定晋省筹出之司库平纹银五十万两，今作为大学堂西学专斋经费，请李提摩太代为经理，以十年为期，自光绪二十七年付款之日起，扣足十年即为期满，如未届十年，五十万之款项用尽，亦即作为期满，交由晋省官绅自行经理，倘已届十年期满，无论款项有无余剩，均即交由晋省官绅经理，以符原议。

第三条，西学专斋经费除光绪二十七年付过银十万两外，光绪二十八年再付银十万两为开办经费，下余三十万两于光绪二十九年起，每年付银五万两，至光绪三十四年一律付清，均在晋省交付，至付款之期以华历六月付一半十二月付一半，不误支用。

第四条，此合同限期以内，所有西学专斋总分各教习委员司事薪水饭馔夫役工食及建造屋宇购置图书仪器器具笔墨纸张并译书一切费用统归西学专斋经费项下动用，按年造册，交由总理督办详呈巡抚核销，至西学专斋总理督办各一员应支薪水由中学专斋筹给，不在西学专斋经费内动支。

第五条，西学专斋仪器书籍等项皆系晋省款项所购，应随时立册，登载并盖本斋图记，以便十年后点交。

第六条，此次议将前拟立之中西学堂归并大学堂作为西学专斋，此专斋即议并入大学堂即系中国国家学堂，专斋课程只讲求各种有益之新学。

第七条，西学专斋学科分为五门：一曰文学，内分同文史记地理师范等学；一曰法律学，内分政治财政交涉公法等学；一口格致学，内分算学物理化学电学等学；一曰工程学，内分机器工艺矿路地质等学；一曰医学，内分全体内外大小男女居宅卫生药物等学。

第八条，今请巡抚堪明地段，动用西学专斋经费洋银四万元，以便酌夺建造西学专斋之讲堂藏书楼仪器舍阅报所试验场体操场客厅司事夫役住所等屋，该各等房屋尚未建造之，先应请巡抚于半月内酌给公所暂为开办西学专斋之用，至学生斋舍，则均在中学专斋，此不重建。

第九条，西学专斋学生饭馔膏火煤炭油烛各项杂费暨启闭条规，均由中学专斋自行办理，西学专斋概不过问。

第十条，各教习西人则由李提摩太荐举，商明巡抚缮立合同，由李提摩太签字，所有教习西人等与学堂一切交涉均与李提摩太或敦崇礼商办，概不函电公使等官与闻其事，如不恪守延聘合同，可由巡抚知照李提摩太照延聘合同条款辞退，再由李提摩太另延，至华人则由总教习荐举，会同总理督办缮立合同。

第十一条，西学专斋学生以二百名上下为额，应由巡抚会同学政选取全省中年在三十以下，极聪颖兼已游庠序者送入西学专斋习专门西学，以期成效迅速，六年后，堪胜本专斋及中小各学堂教习之选并可备国家器使。其开学之初，额数若不满二百名，先送一百名亦可，俟后拔取补足以符原议之数。

第十二条，西学专斋遇有商改课程及应办事件，由西学总教习随时与总理督办会商改订，惟课程无论如何商改，均不得与第七条所列各学科稍有违背，及于此外增立别项名目，倘有违背，或别有增立，可由巡抚立时将此合同作废，并将以后应交之款停交，如晋省官绅违背此合同，可由李提摩太将未交款项立时全取，移作翻译有用书籍之用。

第十三条，西学专斋学生如有违规暴弃等情，即由总教习会同总理督办察看情节轻重随时开除，另由中学专斋挑选补额，其有婚丧要事，暨应乡会试者，均照巡抚奏定章程办理。

第十四条，大学堂考校章程已经巡抚奏定，今西学专斋归入大学堂亦应按照奏定章程办理。

第十五条，学生普通学限满及专门学毕业应如何分别考试给予凭照优予出身之处，均按巡抚奏定章程及巡抚奏拟选举章程奏准后遵照办理。

第十六条，西学专斋各教习每届三年，果系认真教诲，卓有成效者，应援照各省大学堂奏准成案择优保奖。

第十七条，本省往来文件报销册籍即用大学堂关防以归划一，若与外省公文，详呈巡抚核转。

第十八条，此合同限期以内，如李提摩太有事不能始终经理，由总教习敦崇礼接续办理，如总教习敦崇礼亦有他事，即由以后之总教习接续办理。

第十九条，此次议将晋省大学堂西学专斋归西士经理，系各省未见之事，如合同议定后，应请巡抚奏明请旨，倘不蒙朝廷允准，仍即作废。

第二十条，此次合同系山西巡抚与通省官绅暨李提摩太和衷商订，已极周详，所有光绪二十七年十月上海议立之合同，俟奏准后注销，以免歧异。凡此次合同以外概不牵涉。

第二十一条，此次合同奏准后，即勒石大学堂，期内恪遵合同办事，彼此均不增减一字。

第二十二条，本合同签字后由司道呈请巡抚盖印。

第二十三条，本合同一式三纸，一呈山西巡抚衙门，一存山西大学堂，一存上海广学会。

（摘自《万国公报》（上海广学会出版）1902 年第 163 册，藏上海圆明园路中国基督教三自爱国运动委员会图书室。又见《申报》1902 年 7 月 17 日。）

山西大学堂设立西学专斋始末记

山西之有西学专斋也，自英儒李提摩太先生始，夫非常之举，黎民所惧，以民俗伊塞习安固有之区， 一旦输以新学知识，遂一跃而入文明之域，士气学风且驾他省而上之。是非李先生之力，乌能及此。然使非当时钜公硕彦，有以独见其大，而知斯举之不可缓，则其效果亦未必有如今之卓著。天下事易于乐成，难与图始，古今人情不甚相远也。今西斋交还行有日矣，不急为记之以示饮水之思，可乎？谨溯其设立之缘起，与十年来一切情状事迹，撮而书之，以作我国学界前途之观感。山西讲学之风在昔特盛，远则河汾龙门，近则薛文清、辛复元及潜邱石洲顾斋诸先哲，或以理学著，或以博学闻，皆彰彰在人耳目。

光绪初元，张文襄抚晋，设令德堂，选通省高才生肄业其中，后以欧风东渐兼讲西学，然仅有天算、格致、舆地诸门，它未迫也。洎岁庚子拳变起，全省几遭蹂躏，识时者始幡然变计，知开通知识非教育不为功。是时，西林岑中丞、孝感高理臣先生、晋绅谷芙塘先生方相与筹立山西大学，适广学会总办李提摩太先生，因晋省耶稣教案赔款为晋人所筹出也，欲以西学输入晋省，设立中西大学堂。西林岑公因晋已自立大学，遂博采众议并入山西大学堂，于是有西学专斋之设。所有赔款之五十万金即为专斋办学经费。自光绪二十七年始，以十年为期，期满由晋省官绅自行经理，订定合同，奏请允准，此为西学专斋成立之第一期。西斋既成，大学堂原有之一部分以对于西斋，故遂更名为中学专斋，其管理两斋之总机关与学生膳宿等事，专隶于中斋，而教务则由两斋分理之；于是，总理西斋者仍为李提摩太先生，延敦崇礼君为总教，毕善功、新常富诸君为教习，先开预科，以三年毕业，此为西学专斋成立以后之第二期。屈指年来之进步，预科由甲至辛，毕业者八班，由预科而选送欧洲留学者二十余人；专门科分法律、矿学、格致、工程为四，以四年毕业者又有四班，均廷试得奖，联翩而上。稍有憾者，则总教敦君以劳绩致疾而殉，未获竟其志耳。今总教苏慧廉君、副总教为毕善功君、西教员为新常富君、克德来君、卫乃雅君、华林泰君，其余华教员与管理诸员均别详题名中，兹不复赘。此乃西学专斋成立以后之第三期，亦为西学专斋商同设立时至完成之最后期。

其附设于西学专斋而补助教育者，则有山西大学堂译书院，自壬寅在上海开设以来，延英儒窦乐安君总理译务，成书二十余种，足供师范高等各学校之用。此又李提摩太先生所悉心经营唯恐教育之或不建也。客冬，十年交还之期将届，李先生由沪至晋，欢祝之声盈于道路，致以一见其面为荣，先生诚我晋之功人哉！噫！世界潮流澎湃莫定，欧美风雨纷至沓来，人生斯世自非会通中西学，则不足以生存于社会之上，而巩固国家安宁之基础，亦断非一知半解遂足以自豪而夸耀于世。余与李先生交最契，又亲预西斋交还事， 是以叙集西学专斋之事实而不禁为之悠然意远也。

赐同进士出身诰授奉政大夫翰林院检讨咨议局议长崞县梁善济撰文、诰授通议大夫花翎三品衔候补五品京堂太平刘笃敬书。

大清宣统三年七月吉日立

（碑存太原市侯家巷原山西大学堂工科楼门厅内西墙壁）

山西大学堂西学专斋教职员题名碑

头品顶戴二等双龙宝星三代正一品封典英国道学博士文学翰林西斋总理李提摩太、一品封典英国格致举人文学翰林西斋总教敦崇礼、二品顶戴英京大学堂学士皇家地学会员西斋总教苏慧廉、二品顶戴二等第三宝星英国大律师格致举人法律进士西斋副总教毕善功、三品顶戴三等第一宝星瑞典国格致博士工学士西斋化学教员新常富、英国格致博士西斋工学教员裴爱仁、三品顶戴英国格致博士西斋文学教员燕瑞博、英国格致秀才西斋矿学教员莱门义、英国格致举人机器矿务公司会员西斋矿学教员李恒礼、美国歌伦比亚大学堂文学毕业士西斋文学教员马尔东、英京师范学堂教员文学博士西斋文学教员克德来、英国陆军武员西斋体操教员季成信、三等第一宝星英国格致博士矿务工程研究会员西斋矿学教员卫乃雅、英国格致进士西斋物理学教员华林泰、英国格致博士西斋工学教员欧师德、五品顶戴候选知县西斋化学教员叶殿荣、候选县丞山东文会馆毕业生西斋物理教员李天相、候选通判香港皇仁书院英文高材生西斋文学教员宋士龙、候选盐大使山东文会馆毕业生西斋数学教员陆之平、花翎三品衔道员用直隶候补知府西斋生理教员倪文德、五品顶戴候选县丞西斋文学教员张春江、监生西斋算学教员余萼岫、监生西斋工学教员苏以昭、试用府经历西斋工学教员宋锵鸣、山东文会馆毕业生西斋数学教员冯文修、候选巡检西斋矿学教员陈占鳌、廪贡生西斋国文教员吴长吉、福建英华书院毕业生西斋文学教员黄锐、县丞职衔福建格致书院毕业生西斋物理教员邵绎、福建英华书院毕业生西斋文学教员刘复、山东文会馆毕业生西斋工学教员郭凤翰、补用同知直隶州知州西斋律法教员张鹏一、学部小京官西斋国文教员郭象升、县丞衔天津新学大书院科学士西斋矿学教员钱宗渊、候选从九品西斋文案员哈德馨、候补知县西斋庶务兼会计员高大龄。

（碑存太原市侯家巷原山西大学堂工科楼门厅内东墙壁）

附录二
1947 年部分院系课程一览

文學院歷史學系
必修課程一覽

一年級

科目	開設學期	每週時數 講授	每週時數 實習	學分	備註
國文	上	4		3	
	下	4		3	
第一年英文	上	6		4	
	下	6		4	
中國通史	上	4		3	
	下	4		3	
哲學概論	上	2		2	
	下	2		2	
中國地理	上	3		2	
	下	3		2	
中國沿革地理	上				
	下	3		3	
政治學	上	3		3	必須選習一種
	下	3		3	
經濟學	上	3		3	
	下	3		3	
社會學	上	3		3	
	下	3		3	
生物學	上	3		3	必須選習一種
	下	3		3	
普通心理學	上	3		3	
	下	3		3	
普通地質學	上	3		3	
	下	3		3	
三民主義	上	2		2	
	下	2		2	
軍訓與體育	上		2		
	下		2		
總計	上	27	2	22	
	下	30	2	25	

二年級

科目	開設學期	每週時數 講授	每週時數 實習	學分	備註
第二年英文	上	3		3	
	下	3		3	
倫理學	上	3		3	
	下				
世界通史	上	4		3	
	下	4		3	
理則學	上				
	下	3		3	
中國近世史	上	2		2	
	下	2		2	
西洋近世史	上	3		3	
	下	3		3	
世界地理	上	2		2	
	下	2		2	
體育	上		2		
	下		2		
總計	上	17	2	16	
	下	17	2	16	

三年級					
商周史	上	3		3	必須選習二種（商周史、秦漢史、魏晉南北朝史、隋唐五代史）
	下				
秦漢史	上	3		3	
	下				
魏晉南北朝史	上	3		3	
	下				
隋唐五代史	上	3		3	
	下				
西洋上古史	上	3		3	
	下				
西洋中古史	上				
	下	3		3	
亞洲諸國史	上				
	下	3		3	
西洋國別史	上				
	下	3		3	
體育	上		2		
	下		2		
總計	上	9	2	9	
	下	9	2	9	
四年級					
宋遼金元史	上	3		3	必須選習一種（宋遼金元史、明清史）
	下				
明清史	上	3		3	
	下				
西洋十七八世紀史	上	3		3	
	下				
中國史學史	上	3		3	必須選習二種（中國史學史、史學方法、西洋史學史、史學通論）
	下				
史學方法	上				
	下	3		3	
西洋史學史	上	3		3	
	下				
史學通論	上				
	下	3		3	
中國哲學史	上	3		3	三四年級必須選習二種（中國哲學史、中國政治思想史、中國經濟史、中國文學史、西洋經濟史、中國外交史）
	下				
中國政治思想史	上				
	下	3		3	
中國經濟史	上	3		3	
	下				
中國文學史	上				
	下	3		3	
西洋經濟史	上				
	下				
中國外交史	上	3		3	
	下				
畢業論文	上	2		2	
	下	2		2	
體育	上		2		
	下		2		
總計	上	12	2	12	
	下	11	2	11	

選修課程一覽

二三四年級

科目	開設學期	每週時數 講授	每週時數 實習	學分	備註
中國史部目錄學	上下			3	
中國古代史研究	上下			3	
民俗學	上下			3	
史・前史	上下			3	
人類學	上下			3	
考古學	上下			3—6	
傳記學	上下			3—4	
製圖學	上下			3—4	
地史學	上下			6	
古文字學	上下			6	
歷史學科教材教法	上下			4	
社會心理學	上下			3—4	
中國史學名著選讀	上下			6	
西洋史學名著選讀	上下			6	
第二外國語	上下			6	必須連習二年
總計	上下			64	

文學院教育學系

必修課程一覽

一年級

科目	開設學期	每週時數 講授	每週時數 實習	學分	備註
國文	上	4		3	
	下	4		3	
第一年英文	上	6		4	
	下	6		4	
中國通史	上	4		3	
	下	4		3	
哲學概論	上	2		2	
	下	2		2	
生物學	上	3		3	
	下	3		3	

教育概論	上	3		3	各系一年級師範生加修此科
	下	3		3	
普通心理學	上	3		3	
	下	3		3	
政治學	上	3		3	必須選習一種
	下	3		3	
經濟學	上	3		3	
	下	3		3	
社會學	上	3		3	
	下	3		3	
三民主義	上	2		2	
	下	2		2	
音樂	上	2			
	下	2			
軍訓與體育	上		2		
	下		2		
總計	上	36	2	28	
	下	36	2	28	
二年級					
第二年英文	上	3		3	
	下	3		3	
倫理學	上	3		3	
	下				
世界通史	上	4		3	
	下	4		3	
理則學	上				
	下	3		3	
教育統計學	上	2		2	
	下	2		2	
中國教育史	上	3		3	
	下	3		3	
體育	上		2		
	下		2		
總計	上	15	2	14	
	下	15	2	14	
三年級					
心理及教育測驗	上	0		0	
	下				
發展心理學	上				
	下	3		3	
西洋教育史	上	3		3	
	下	3		3	
教育哲學	上	2		2	
	下	2		2	
普通教學法	上	3		3	
	下				
訓導原理及實施	上				
	下	3		3	
國民教育	上	2		2	
	下	2		2	
體育	上		2		
	下		2		
總計	上	13	2	13	
	下	13	2	13	

四年級

比較敎育	上	2		2	
	下	2		2	
敎育行政	上	2		2	
	下	2		2	
小學各科敎材及敎法	上	3		3	
	下	3		3	
敎習實習	上	3		3	
	下	3		3	
畢業論文	上	2		2	
	下	2		2	
體育	上		2		
	下		2		
總計	上	12	2	12	
	下	12	2	12	

選修課程一覽

二三四年級

科目	開設學期	每週時數 講授	每週時數 實習	學分	備註
中國文學史	上	3		3	
	下	3		3	
中國哲學史	上	3		3	
	下	3		3	
中國經濟史	上	3		3	
	下	3		3	
中國近百年史	上	3		3	
	下	3		3	
英文修辭學	上	3		3	
	下	3		3	
西洋近世史	上	3		3	
	下	3		3	
世界文化史	上	3		3	
	下	3		3	
西洋哲學史	上	3		3	
	下	3		3	
秦漢史	上	3		3	
	下	3		3	
現代政治思潮	上	4		4	
	下				
西洋敎育名著選讀	上	3		3	
	下	3		3	
中國敎育名著選讀	上	3		3	
	下	3		3	
中等敎育	上	3		3	
	下	3		3	
中國政治思想史	上	3		3	
	下	3		3	
隋唐史	上	3		3	
	下	3		3	
比較敎育	上	3		3	
	下	3		3	
總計	上	46		46	
	下	42		42	

文學院外國語文學系

必修課程一覽

科目	開設學期	每週時數 講授	每週時數 實習	學分	備註
一年級					
國文	上	4		4	
	下	4		4	
第一年英文	上	6		4	
	下	6		4	
中國通史	上	4		3	
	下	4		3	
哲學概論	上	2		2	
	下	2		2	
英語語音學	上	2		2	
	下	2		2	
英語會話	上	3		3	
	下	3		3	
政治學	上	3		3	三種必須選習一種
	下	3		3	
經濟學	上	3		3	
	下	3		3	
社會學	上	3		3	
	下	3		3	
普通數學	上	3		3	二種必須選習一種
	下	3		3	
生物學	上	3	3	3	
	下	3	3	3	
三民主義	上	2		2	
	下	2		2	
軍訓與體育	上		2		
	下		2		
總計	上	29	5	26	
	下	29	5	26	
二年級					
倫理學	上	3		3	
	下				
世界通史	上	4		3	
	下	4		3	
理則學	上				
	下	3		3	
英國文學史	上	3		3	
	下	3		3	
小說選讀	上	3		3	
	下	3		3	
英文散文選讀及習作	上	3		3	
	下	3		3	
英詩選讀	上	3		3	
	下	3		3	
體育	上		2		
	下		2		
總計	上	19	2	18	
	下	19	2	18	
三年級					
英文散文及選讀習作	上	3		2	
	下	3		2	
戲劇選讀	上	3		3	
	下	3		3	
古代歐美文學名著選讀	上	3		3	
	下	3		3	

翻譯	上	2		2
	下	2		2
體育	上		2	
	下		2	
總計	上	10	2	10
	下	10	2	10

四年級

英文散文選讀及習作	上	2		2
	下	2		2
近代歐美文學名著選讀	上	3		3
	下	3		3
文學批評	上	2		2
	下	2		2
畢業論文	上	2		2
	下	2		2
體育	上		2	
	下		2	
總計	上	9	2	9
	下	9	2	9

選修課程一覽

二三四年級

科目	開設學期	每週時數 講授	每週時數 實習	學分	備註
修辭學	上	3		3	
	下	3		3	
聖經選讀	上	2		2	
	下	2		2	
中國文學史	上	3		3	
	下	3		3	
西洋哲學史	上	3		3	
	下	3		3	
第二外國語	上	3		6	須連續選修二年
	下	3		6	
英國史	上	3		2	
	下	3		3	
演說	上	2		3	
	下	2		2	
英國文藝復興文學	上	3		3	
	下	3		3	
英國十八世紀文學	上	3		3	
	下	3		3	
應用英文	上	2		2	
	下	2		2	
辯論	上	2		2	
	下	2		2	
英國十九世紀文學	上	3		3	
	下	3		3	
歐洲現代文學	上	3		3	
	下	3		3	
美國現代文學	上	3		3	
	下	3		3	
英文學科教材及教法	上	2		2	
	下	2		2	
莎士比亞	上	3		3	
	下	3		3	
總計	上	43		43	
	下	43		43	

法學院法律學系混合制

必修課程一覽

一年級

科目	開設學期	每週時數 講授	每週時數 實習	學分	備註
三民主義	上	2		2	
	下	2		2	
國文	上	4		3	
	下	4		3	
第一年英文	上	6		4	
	下	6		4	
中國通史	上	4		3	
	下	4		3	
哲學概論	上	2		2	
	下	2		2	
經濟學	上	4		3	
	下	4		3	
社會學	上	3		3	
	下	3		3	
憲法	上	2		2	
	下	2		2	
民法總則	上	4		3	
	下	4		3	
法學緒論	上	3		3	
	下				
軍訓及體育	上	1	2		
	下	1	2		
合計	上	35	2	29	
	下	32	2	26	

二年級

科目	開設學期	每週時數 講授	每週時數 實習	學分	備註
世界通史	上	4		3	
	下	4		3	
倫理學	上	3		3	
	下				
理則學	上				
	下	3		3	
第二年英文	上	3		3	
	下	3		3	
民法債編	上	5		5	
	下	5		5	
民法物權	上	2		2	
	下	2		2	
民法親屬	上	3		3	
	下				
民法繼承	上				
	下	3		3	
刑法總則	上	3		3	
	下	3		3	
中國司法組織	上	2		2	
	下				
羅馬法	上	3		3	
	下	3		3	
體育	上		2		
	下		2		
合計	上	29	2	27	
	下	27	2	25	

三年級

科目	學期	講授	實習	學分
商事法	上	4		4
	下	4		4
刑法分則	上	3		3
	下	3		3
民事訴訟	上	4		4
	下	4		4
土地法	上	3		3
	下			
行政法	上	3		3
	下	3		3
國際公法	上	3		3
	下	3		3
體育	上		2	
	下		2	
合計	上	20	2	20
	下	17	2	17

四年級

科目	學期	講授	實習	學分
刑事訴訟	上	3		3
	下	3		3
英美法	上	3		3
	下	3		3
國際私法	上	3		3
	下	3		3
法理學	上	3		3
	下	3		3
中國法制史	上	3		3
	下	3		3
畢業論文	上	2		2
	下	2		2
體育	上		2	
	下		2	
破產法	上			
	下	2		2
強制執行法	上	2		2
	下			
合計	上	19	2	19
	下	19	2	19

選修課程一覽

二三四年級

科目	開設學期	每週時數 講授	每週時數 實習	學分	備計
第二外國文	上	3		6	選習此科者必須修習二年否則不給學分
	下	3		6	
心理學	上	3		3	第二學年
	下	3		3	
刑事特別法	上	1		1	第三四學年
	下	1		1	
中國舊法律研究	上	3		3	同上
	下	3		3	
比較法學緒論	上	3		3	同上
	下	3		3	
比較民法	上	3		3	第四學年
	下	3		3	
比較刑法	上	2		2	同上
	下	2		2	

中國司法問題	上	1	1	同上
	下	1	1	
比較司法制度	上	2	2	同上
	下	2	2	
近代歐洲大陸法	上	3	3	第三四學年
	下	3	3	
立法原理	上	3	3	同上
	下			
破產法	上			同上
	下	3	3	
證據法學	上	3	3	同上
	下			
強制執行法	上			同上
	下	3	3	
犯罪學	上	3	3	同上
	下			
犯罪偵察	上			同上
	下	3	3	
監獄學	上	3	3	同上
	下			
法醫學	上	2	2	同上
	下			
刑事政策	上			同上
	下	2	2	
勞工法	上			同上
	下	3	3	
中國法律思想史	上	3	3	同上
	下	3	3	
中國經濟思想史	上	3	3	同上
	下	3	3	
訴訟實務	上	1	1	同上
	下	1	1	
中國政治制度史	上	2	2	同上
	下	2	2	
法學專題研究	上	3	3	同上
	下	3	3	
公文程式	上	2	2	同上
	下	2	2	

法學院法律學系司法組

必修課程一覽

一年級

科目	開設學期	每週時數 講授	每週時數 實習	學分	備註
國文	上	4		3	
	下	4		3	
第一年英文	上	6		4	
	下	6		4	
中國通史	上	4		3	
	下	4		3	
哲學概論	上	2		2	
	下	2		2	
社會學	上	3		3	
	下	3		3	
經濟學	上	4		3	
	下	4		3	
民法總則	上	4		3	
	下	4		3	

憲法	上	2		2
	下	2		2
法〔學〕緒論	上	3		3
	下			
三民主義	上	2		2
	下	2		2
軍訓與體育	上	1	2	
	下	1	2	
合計	上	35	2	28
	下	32	2	25

二年級

第二年英文	上	3		3
	下	3		3
倫理學	上	3		3
	下			
中國司法組織	上	2		2
	下			
理則學	上			
	下	3		3
政治學	上	3		3
	下	3		3
刑法總則	上	4		3
	下	4		3
國際公法	上	3		3
	下	3		3
民法債編	上	5		5
	下	5		5
民法物權	上	3		2
	下	3		2
世界通史	上	4		3
	下	4		3
體育	上		2	
	下		2	
合計	上	30	2	27
	下	28	2	25

三年級

民法親屬	上	4		3
	下			
民法繼承	上			
	下	4		3
行政法	上	3		3
	下	3		3
土地法	上	3		3
	下			
刑法分則	上	4		4
	下	2		2
刑事訴訟	上	2		2
	下	4		4
民事訴訟	上	4		4
	下	4		4
商事法	上	4		4
	下	4		4
羅馬法	上	3		3
	下	3		3
體育	上	3	2	3
	下		2	
合計	上	27	2	26
	下	24	2	23

四年級

國際私法	上	3		3
	下	3		3
英美法	上	3		3
	下	3		3
法理學	上	3		3
	下	3		3
中國法制史	上	3		3
	下	3		3
强制執行法	上	2		2
	下			
破產法	上			
	下	2		2
訴訟實務	上	3		3
	下	3		3
畢業論文	上	2		2
	下	2		2
合計	上	19		19
	下	19		19

選修課程一覽

二三四年級

科目	開設學期	每週時數 講授	每週時數 實習	學分	備註
第二外國文	上	3		3	選習此科者必須連習二年否則不給學分
	下	3		3	
刑事特別法	上	3		3	
	下				
犯罪學	上				
	下	3		3	
監獄學	上	3		3	
	下				
中國司法問題	上				
	下	3		3	
比較司法制度	上	3		3	
	下	3		3	
心理學	上	3		3	
	下	3		3	
法醫學	上	3		3	
	下				
比較法學緒論	上	3		3	
	下	3		3	
近代歐洲大陸法	上	3		3	
	下	3		3	
比較民法	上	3		3	
	下	3		3	
比較商事法	上	3		3	
	下	3		3	
比較刑法	上	2		2	
	下	2		2	
證據法學	上	3		3	
	下				
刑事政策	上				
	下	3		3	
司法制度專題研究	上	3		3	
	下	3		3	
公文程式	上	2		2	
	下	2		2	

法學院政治經濟學系

必修課程一覽

一年級

科目	開設學期	每週時數講授	每週時數實習	學分	備註
國文	上	4		3	至少每兩週作文一次
	下	4		3	仝上
第一年英文	上	6		4	仝上
	下	6		4	仝上
中國通史	上	4		3	注重文化之發展
	下	4		3	仝上
哲學概論	上	2		2	
	下	2		2	
經濟數學	上	3		3	
	下	3		3	
經濟學	上	4		3	
	下	4		3	
社會學	上	3		3	
	下	3		3	
會計學	上	3		3	
	下	3		3	
三民主義	上	2		2	
	下	2		2	
憲法	上	2		2	
	下	2		2	
軍訓與體育	上	1	2		軍訓與體育不計學分
	下	1	2		仝上
合計	上	34	2	28	
	下	34	2	28	

二年級

科目	開設學期	每週時數講授	每週時數實習	學分	備註
第二年英文	上	3		3	
	下	3		3	
倫理學	上	3		3	
	下				
理則學	上				
	下	3		3	
世界通史	上	4		3	
	下	4		3	
經濟地理	上	2		3	
	下	2		3	
統計學	上	3		3	
	下	3		3	
貨幣銀行學	上	3		3	
	下	3		3	
西洋經濟史	上	3		3	
	下	3		3	
體育	上		2		
	下		2		
合計	上	21	2	21	
	下	21	2	21	

三年級

科目	開設學期	每週時數講授	每週時數實習	學分	備註
財政學	上	3		3	總論財務行政收支公債
	下	3		3	仝上

中國經濟史	上	3		3	
	下	3		3	
經濟思想史	上	3		3	
	下	3		3	
體育	上		2		
	下		2		
合計	上	9	2	9	
	下	9	2	9	

四年級

高級財政學	上	3		3	
	下	3		3	
國際貿易與金融	上	2		3	
	下	2		3	
畢業論文	上	2		2	
	下	2		2	
合計	上	7		8	
	下	7		8	

選修課程一覽

二三四年級

科目	開設學期	每週時數 講授	每週時數 實習	學分	備註
高級經濟學	上	3		3	
	下	3		3	
高級會計學	上	3		3	
	下	3		3	
高級統計學	上	3		3	
	下	3		3	
行政法	上	3		3	
	下	3		3	
經濟立法	上	3		3	
	下				
商事法	上	3		3	
	下	3		3	
現代經濟學說	上	2		2	
	下	2		2	
農業經濟學	上	3		3	
	下	3		3	
土地經濟	上	3		3	
	下				
合作經濟	上				
	下	3		3	
工商組織與管理	上	3		3	
	下				
勞工問題	上				
	下	3		3	
土地及農業政策	上	2		2	
	下				
工業政策	上				
	下	2		2	
商業政策	上	2		2	
	下				
國際滙兌	上	3		3	
	下				
現代貨幣理論	上	3		3	
	下				
銀行制度	上				
	下	3		3	

中國經濟問題	上			
	下	2	2	
國際經濟問題	上			
	下	2	2	
實業計劃研究	上			
	下	3	3	
政府會計與審計	上	3	3	
	下	3	3	
成本會計	上	3	3	
	下			
銀行會計	上			
	下	3	3	
會計報告分析	上	3	3	
	下			
中國財政史	上	2	2	
	下	2	2	
中國財政問題	上	3	3	
	下			
地方財政	上			
	下	3	3	
第二外國文	上	6	6	須選修二學年否則不給學分
	下	6	6	
英文經濟名選	上	3	3	
	下	3	3	
公文程式	上	2	2	
	下	2	2	

（摘自《国立山西大学一览》）

附录三

山西大学大事记（1901—1953年）

1901年4月1日　山西巡抚岑春煊电请耶稣教士、上海广学会总办英人李提摩太来晋，商议解决山西教案问题。

5月29日　李提摩太在京向负责议和的全权大臣李鸿章递交《上李傅相办理山西教案章程》七条，其中第三条云："共罚全省银五十万两"，"设立学堂"。

9月　岑春煊遵旨拟将省城令德堂、晋阳两大书院合并成立山西大学堂。

11月　山西巡抚代表周之骧在上海与李提摩太签订《晋省开办中西大学堂合同八条》。

12月　岑春煊将10万两白银交李提摩太，作为筹办中西大学堂之费用。

1902 年 2 月　山西巡抚岑春煊将拟订之《设立晋省大学堂谨拟暂行试办章程》上奏清政府。同时任命姚文栋为督办，谷如墉为总理，高燮曾为总教习，选文瀛湖南乡试贡院（今太原市儿童公园）为临时校址，准备开学。

5 月 8 日　岑春煊《试办章程》被清政府批准后，按“即于四月初一（阳历 5 月 8 日）开办”之计划，山西大学堂正式开学上课。

6 月 7 日　山西巡抚岑春煊与李提摩太于太原府签订《中西大学堂改为山西大学堂西学专斋合同》二十三条，规定中西大学堂“归入”山西大学堂。大学堂分中学专斋和西学专斋两部分。

6 月 26 日　西学专斋举行开学典礼。清政府任命岑春煊为山西大学堂节制，李提摩太为西学专斋节制、总理。李提摩太聘英人敦崇礼为西斋总教习。

6 月　姚文栋辞职，委沈敦和为督办，谷如墉兼任中学专斋总理。

1903 年　春，购侯家巷民地 200 余亩，建筑校舍。

冬，中斋资送学生 5 名入京师大学堂师范科。

高燮曾、谷如墉辞职。

1904 年 2 月　奏设监督，派杨熊祥充任。改中斋总教习为教务长，以傅岳棻充任。

5 月 选送中斋学生 30 名留学日本，并资遣西斋学生 4 名，入京师大学堂师范科。

8 月 侯家巷新校舍落成，中西两斋同时移入。

1905 年 5 月 选送中斋学生 30 名留学日本。

10 月 杨熊祥辞职，以傅岳棻代理监督。

11 月 以本校学生为首的省城大、中、小学堂学生数千人到海子边及巡抚衙门集会请愿，要求收回山西矿权。

1906 年 8 月 沈敦和离任，学部委丁宝铨为督办。敦崇礼病故，以英人毕善功代理西斋总教习。西斋开办法律、矿学、格致三科。

9 月 傅岳棻辞职，委解荣恪为监督，刘盥训为教务长。中斋开办高等二类甲班。

10 月 留日学生景定成、王用宾等在东京召开追悼会，悼念为争矿而蹈海的西斋学生李培仁，之后，护送李烈士的灵柩回省，山西争矿运动进入高潮。

1907 年 2 月 奉学部令，撤销节制、督办，以监督统一管理学校一切事务。

3 月 资遣西斋预科毕业生 22 名留学英国。

6 月　延英人苏慧廉为西斋总教习。

9 月　中斋续开高等预科两班。

1908 年 1 月　山西当局与英商福公司签订《赎回开矿制铁输运合同》，山西争矿运动取得胜利。

8 月　西斋开办工程科。

9 月　刘盥训教务长辞职，聘刘文炳继任。

是年，因经费紧张，停办 1902 年设立在上海的山西大学堂译书院。该书院开办期间，共翻译、编撰出版各类教本 23 种。

1909 年 2 月　中斋开办高等一类甲班及中等科各一班。

10 月　解荣辂辞职，委渠本翘为监督。

1910 年 4 月　渠本翘辞职，委胡钧为监督。

9 月　刘文炳辞职，委张秀升充任教务长。

1911 年　西斋合同期满，巡抚丁宝铨，咨议局议长梁善济，商同广学会总办李提摩太，重订合同，收回自办。

10 月　辛亥太原起义爆发，军队占据校舍，一切文卷，悉遭毁灭，校务中辍。

1912 年 2 月　遵照新章，取消中西两斋名目，改称山西大学校，由教育司照会李镜蓉为校长。

5 月　李镜蓉辞职，照会高时臻为校长。资派西斋专科毕业生 11 名留学英国。

9 月 19 日　孙中山在本校大礼堂做《谋建设须扫除旧思想》之讲演，并与本校及山西军政要员合影留念。

1913 年 2 月　山西大学堂瑞典籍化学教习新常富所著《晋矿》一书，由大学堂毕业生赵英奇等翻译出版。

9 月　开办法科法律学门，工科土木工学门，预科一部各一班。

1914 年 9 月　山西省立工业专门学校并入本校，附设专门部本科二班，即机械工程、采矿冶金、土木工程，以王录勋兼教务主任。

1916 年 5 月　高时臻辞职，委田应璜为校长。

8 月　田应璜辞职，复委高时臻为校长。

9 月　开办文科国文学类第一班，采矿学门第一班。

1917 年　原大学堂大门及牌坊拆除，在大礼堂前修建工科教学大楼。

1918 年 7 月 5 日　参议院议员中央选举会，将本校列入国立范围，凡在本校本科毕业，以其所学任事三年，或曾任校长及教员满三年者，得参与选举。在当时 7 所国立大学中，山西大学被称为“国立第三大学”。

1919 年 5 月 4 日　北京学生掀起反帝反封建的爱国运动，山西大学校闻风响应。

5 月 7 日　太原中等以上学生联合会成立，总会设在山西大学校，会长、副会长及骨干均为本校学生。学生游行示威，集会请愿，爱国热情高涨。

5 月　“抵制日货”大会在山西大学校大礼堂举行。

6 月 16 日　本校学生赵连登代表山西学生参加在上海召开的第一届全国学生代表大会。

7 月 10 日　山西省垣学联在本校举行大会，邀请张伯苓、李天禄博士介绍北京学生运动情况。

9 月　开办文科英文学类第一班。

10 月 10 日　杜威博士在本学校大礼堂做《品格之养成为教育之无上目的》的讲演，胡适做《娘子关外的新潮流》讲演。胡适以北京大学文学院院长身份提出，山西大学校预科毕业生可不经考试直接升入北京大学本科，文、法两科学生可转学北京大学。

10 月 13 日　杜威博士在本校大礼堂再次做《高等教

育之任务》的讲演。

12 月　特设预科，保送乔启明等 18 名学生入金陵大学协和医学校。

1920 年 4 月 13 日　山西大学校新共和学会召开成立大会。

8 月　工科教授王孟由教育部公派留学美国。

11 月　新共和学会第 17 次例会，推选校长王录勋等教授为名誉会员。

12 月　"瑞华地质调查会"经中国政府同意在本校成立。调查会为隶属于"瑞华博物考察会"之学术研究机构，受万国地质学会和瑞典皇家博物馆资助。山西大学校地质学教授瑞典人新常富任会长。

1921 年 1 月 6 日　矿务讨论会在山西大学校召开成立大会，以本校学生为主，掀起了矿产公有运动。

12 月 10 日　新共和学会主办杂志《新共和》创刊号出版。

1922 年 4 月 13 日　新共和学会在大礼堂召开成立二周年大会，本校师生近千人参加。

5 月 21 日　山西公矿决定会第一次筹备会在本校召

开，并筹办《公矿报》。

10 月 10 日　本校毕业生王宗曦等十余人集资创办私立新民学校，校长王录勋率先捐资。

1924 年 8 月　按教育部新学制与省教育会决议，预科停止招生。

12 月　工科采矿学门第七班学生孙健初等参加“瑞华地质调查会”活动，在新常富指导下，对山西太古地层进行考察研究。

1925 年 5 月 16 日　太原中等以上各校代表在本校召开学联大会，要求取消阎锡山推行的“征收房税令”。

5 月 18 日　省城万余名学生在本校学生代表率领下集会文瀛湖公园，迫使阎锡山废除征房税令。

8 月 17 日　中华教育改进会第四届年会在太原召开，主要活动均在本校进行。蔡元培、陶行知、黄炎培等来自全国的代表 551 人参加了大会。

9 月　迫于全省中学生的要求，省公署令本校恢复预科。

1926 年　由吴吉人、高巍、甑华组成的本校第一个中国共产党支部成立。

1927 年 1 月　工科采矿学门毕业生孙健初等经考试，被吸收为“瑞华地质调查会”正式成员。

7 月　山西大学同学会成立。

1928 年 2 月　派潘莲茹教授为本校驻京代表，参加中国国立大学联合会。

1931 年 4 月　本校师生选举校长王录勋及预科学长苏体仁参加山西省教育会及国民会议。

7 月　遵照教育部《大学组织法》《大学规程》，重新改组。本大学校改称山西大学，王录勋仍为校长。

9 月　“九一八”事变发生后，本校师生群情激愤。柯璜教授特撰《九一八告日本书》，并印成传单广为散发。

10 月　山西大学抗日救国筹备运动委员会成立，并通过《山西大学抗日救国运动会组织大纲》。

11 月　山西大学抗日救国运动会创办《抗日专刊》，王录勋校长题词：雪耻救国。

1932 年 2 月　柯璜教授撰《一·二八告国人书》公开发表，声讨日本侵略者罪行。

6 月　法学院政治学系《学艺季刊》创刊。

1933 年 12 月　山西大学社会科学研究社《社会科学季刊》创刊。

1934 年 7 月　遵教育部令及省政府决议，山西省立法学院并入本校法学院，省立教育学院并入本校。

1935 年 8 月　遵省政府令，本校增设理学院，以张劼仁为院长。

9 月 21 日　山西省学生讨逆救国联合总会在本校召开成立大会。

1936 年 1 月　山西大学《救国周刊》创刊。

6 月　史沫莱特由“中国语文学会”邀请来晋访问，并在本校做演讲。

11 月　本校出现中国共产党秘密外围组织“中华民族解放先锋队”，文学院学生王廷弼为负责人。

1937 年 4 月　文学院学生王廷弼加入中国共产党，并参加彭雪枫在成成中学开办的党员培训班。

8 月　本校奉令转移。法学院迁平遥、理工学院迁临汾、文学院迁运城。

9 月 20 日　第二战区民族革命总动员委员会在本校大

礼堂召开成立大会，周恩来、彭德怀等应邀出席，周恩来发表演讲。

10 月　丁玲应邀到本校大礼堂发表讲演。

11 月　奉山西省政府令，本校解散。

1939 年 6 月　原本校英文系主任、西北联大教授徐士瑚北上陕西秋林，与第二战区司令长官阎锡山商谈复校事宜。

7 月 20 日　《阵中日报》刊登山西大学复校通告。

9 月　山西省政府拨款 15000 元交徐士瑚，准备复校。

10 月　山西省政府任命冯纶为代理校长，率事务人员赴秋林镇办理复校事宜。

11 月　校方在三原县城就地觅址，租借房舍准备开课。

12 月 23 日　复校并开始上课。山西省政府下达本校人事令：阎锡山兼校长、冯纶任副校长兼校务主任（代理校长主持校务）、徐士瑚任教务长、赵仁佩任训导长、王友兰任总务长。

1940 年 3 月　奉山西省政府令，山西省私立川至医学专科学校并附设门诊部并入本校。

7 月　冯纶辞职，山西省政府任命徐士瑚为校务主任，代理校长主持校务。

1941 年 7 月　校内发生改省立山西大学为国立的风潮。

10 月　奉山西省政府令，学校北迁秋林镇虎啸沟。

1942 年　春，斑疹伤寒在虎啸沟蔓延。山西省政府令校址临时迁至山西吉县克难坡。

1943 年 1 月　《山西大学校刊》创刊。全校迁至克难坡并开始上课。

4 月　按教育部训令，本校改为国立，办学经费由国库直接拨出。任命王怀明为校长。

10 月　奉山西省政府令，教职员、学生分批西渡黄河，迁回虎啸沟。

1944 年 1 月　山西大学物劳学会《虎啸》创刊。

1945 年 1 月　本校两批学生数丨人参加青年远征军。

5 月 1 日　全校举行山西大学 43 周年校庆纪念。校学生自治会正式成立。

9 月 4 日　学校举行庆祝抗战胜利大会，并公祭抗战阵亡将士与死难同胞。

10 月 26 日　全校停课，准备东渡返并。

11 月 师生抵临汾，因交通中断折回韩城上课。

1946 年 3 月 全校师生陆续迁返太原。

4 月 15 日 全校师生在大操场举行返并后第一周纪念会与开学典礼。

6 月 17 日 奉教育部令，徐士瑚代理山西大学校长。

7 月 13 日 奉教育部令，山西大学医学专修科改为医学院。徐士瑚聘王文光、季陶达等进步人士为本校教授。

1947 年 5 月 10 日 山西大学教授会成立。

5 月 31 日 《山西大学学报》创刊。

12 月 教授会因物价暴涨，生活不能维持，掀起“集体请假”风潮。

《国立山西大学一览》出版发行。

1948 年 1 月 16 日 教学主楼东楼失火。

6 月 晋中战役开始，在王文光等教授活动下，全校出现要求迁校北平的呼声。

7 月 2 日 学生成立迁校委员会，马华任主任。

7 月 6 日 马华等人代表迁校委员会面见阎锡山，阎答应派飞机送学生迁北平。

7 月 16 日 学生陆续乘机抵平，暂住东四七条三十九号阎锡山公馆内。

7月17日　本校学生应北京大学学生自治会邀请参加在沙滩举办的纪念聂耳晚会。

本校学生与北大、清华、燕京及迁平的东北大学等校学生共同组织联唱会，学术报告会等活动。

8月5日　马华面见傅作义，请求解决山西大学临时校址，傅答应凡属公家无人占用房院即可借住。

8月12日　本校学生进驻中南海瀛台一带，不久被军警包围。迁校委员会在瀛台召开记者招待会，并发表《告各界同胞书》《告全国同胞书》。

9月5日　奉教育部令，学生乘车离平赴张家口。

10月　因张家口校址窄小，战事频繁，天寒地冻，师生返回北平。

11月　觅临时校舍，校本部设在东华门南夹道北平梨园办公大楼，文、法学院住东交民巷井陉煤矿公司大楼，工学院住东单东总布胡同一大院、医学院住东单苏州胡同棉产公司大楼及西河沿等地。

12月　文学院成立“阳生社”，投入反饥饿、反内战、反迫害的民主运动中。

12月7日　国民党中央青年部部长陈雪屏在中南海召集在平14所国立大学校长会议，传达南下命令，徐士瑚校长拒绝南下。

1949年2月3日　中国人民解放军举行入城仪式，全校师生在前门大街热烈欢迎。

2月22日　北京市军管会文教接管委员会派华北人民政府教育部部长张宗麟等人进校接管。

5月15日　在平师生全部回到太原。中共太原市委文教局局长武汝扬以太原市军管会联络员名义到校工作。

6月22日　徐士瑚校长辞职。华北高教委委托太原市军管会以协商方式成立山西大学校务委员会。

7月4日　太原市军管会决定将山西省立川至医学专科学校及附属医院并入山西大学医学院。

7月29日　太原市军管会批准山西大学成立农学院，地址在太谷县原铭贤学院。

9月8日　华北人民政府任命邓初民为国立山西大学校长。

1950年1月5日　《国立山西大学图书馆馆刊》创刊，邓初民校长题写刊名。

1月17日　由邓初民、赵宗复、严开元、武汝扬等22人组成的校务委员会成立。

4月　根据中共太原市委指示，山西大学党支部公开。

6月13日　山西省政府主席裴丽生在校大礼堂做《新民主主义政治及前途》的报告。

10 月 28 日　校教育工会正式成立。

1951 年 9 月 30 日　教育部与山西省教育厅指示，铭贤学院机械、纺织、工管三系并入山西大学。

1952 年 4 月 4 日　邓初民校长到校。

7 月 7 日　教育部函称，冶金系并入北京钢铁学院。

12 月 30 日　以邓初民为主任的学委会成立。

1953 年 5 月 29 日　按《关于 1953 年全国高等学校院系调整计划》，取消山西大学校名，工学院与师范学院独立建院，财经学院并入中国人民大学。

9 月　教育部函称：工学院独立后定名为“太原工学院”，师范学院独立后定名为“山西师范学院”，医学院独立建院后定名为“山西医学院”。

12 月 15 日　中央人民政府人事部通知：梁园东任山西师范学院院长，苏贯之任副院长。中共山西师范学院党组成立，苏贯之任党组书记。

本校准备迁往太原市南郊坞城路新址。

初版后记

艳阳五月，山西大学将迎来自己的百岁华诞。

忆记1998年岁末，为迎接百年校庆，校方正式成立山西大学校史研究室。笔者忝为研究室主任，虽知事繁责重，身心乐此不疲。这本小书撷取1902年建校至1953年院系调整半个世纪的山大历史，以变迁为绳，以史实为据，叙议相合，各自成稿，历时年余，陆续成稿，其中近半数在《山西大学报》以“校史钩沉”专栏形式刊出。

本书除参考已出版或未正式出版的校史资料外，共事多年的李豫先生给予了无私的帮助，我真佩服他的工作热情和实干精神。昔日研究生同窗王灵善先生为本书如期出版付出了心血，特以志谢。

母校百年，无以相报，愿以此书恭祝敬献。

行　龙

2002 年春

增订版后记

时光飞逝，伴随着山西大学年复一年的前进步伐，为纪念百年华诞而撰写的那本小书——《山大往事》，不知不觉也有 15 个年头了。

15 年中，我在副校长的任上就有 14 个年头，增订本书的过程中我曾私揣这可能也是 115 年校史上的一最（以后自然不好说了）。繁重的行政工作自然消耗了太多的时光和心血，自以为又是那样一个勤勉工作勇于负责之人，何况又不愿舍弃本职的教学和科研工作。然而，无论怎样的繁忙，对山西大学这所百年老校校史的研究，一直是我的兴趣所在。一来我对成长于斯、生活于斯的这所大学确实怀有深切的情感，也时常为先辈们的敬业故事所感动；二来从专业角度出发，山西大学的百年历史，在我看来就是一部缩写的中国高等教育发展史，我又是那个别人看来很不起眼的校史研究室主任，这大概就是令自己持续关注研究校史的动因所在。

2002 年百年校庆之际，我曾负责山西大学校史的撰写工作。当时共出版过四种有关校史的书籍：《山西大学百年纪事》（2002 年 3 月中华书局版）；《山西大学百年校史》（2002 年 3 月中华书局版）；《山西大学堂》（2002 年 3 月山西人民出版社版）；《山大往事》（2002 年 4 月山西人民出版社版）。《百年纪事》煌煌 160 万字，《百年校史》也有近 60 万字，一般读者难以卒读，而《山西大学堂》区区不足 3 万字，读来又觉得不太过瘾。《山大往事》却图文并茂，“叙议相合”，2002 年、2004 年连续两次印刷，坊间流行甚广。本次增订即以 2002 年版《山大往事》为主干，续写增订五篇，具体篇目是《校训：尊广道艺，登崇俊良》《李提摩太：山西大学堂的创始人》《“新斋工程案”小考》《从“兵式操”到运动会》《“先生努力教，学生努力学”》。需要提及的是，就像前次一样，增订的五篇中有几篇也是在《山西大学报》首次面世的。至于 2002 年版的 20 篇，此次增订都进行了不同程度的修改，或纠正，或增删，力求精当，不敢懈怠。

此次增订，共插入 108 张图片，这完全是商务印书馆武强先生的心血和劳作。说来也是一种缘分，武强先生是山西大学法律系2003年毕业生，他对母校也有着深情的关注和关切。2014年秋季，山西大学令德大食堂的地下一层，突然间冒出了一个温文尔雅且很有品味的“李提摩太沙龙”，木质的走廊，温馨的大厅，四面的墙壁上布满了各类人文社会科学的书籍，师生可以在这里购书、读书，举办学术沙龙，校友可以在这里聚首喝茶，随意谈天论地，那是山大师生一个乐意往返的地方。我也时常带着家人和朋友来到这里，渐渐地和“老板”武强先生熟络起来，当我看到墙壁四处悬挂的山大老照片时，即请他进一步收集整理这些老照片，并为《山大往事》的增订提供帮助。武先生毫无迟疑，一口答应下来，这就有了本次增订版这些精美的图片，实在也是那句老话“增色不少”。

又，本次增订附录部分增加了“建校初期文献六则”，意在保存此类现已不易看到的文献，又附“1947年部分院系课程一览”，意在增加一个参考。读者或可前后参照，定会省去四处搜寻查找之劳。

是为增订版后记，读者诸君鉴之。

行　龙

2017年2月22日

于山西大学

图书在版编目(CIP)数据

山大往事/行龙著.—增订本.—北京：商务印书馆，2017

ISBN 978-7-100-13247-3

Ⅰ.①山… Ⅱ.①行… Ⅲ.①山西大学—校史—1902—1953 Ⅳ.①G649.282.51

中国版本图书馆CIP数据核字(2017)第066083号

权利保留，侵权必究。

山大往事

（增订版）

行龙 著

商务印书馆出版

（北京王府井大街36号 邮政编码100710）

商务印书馆发行

北京顶佳世纪印刷有限公司印刷

ISBN 978-7-100-13247-3

2017年4月第1版 开本 880×1230 1/32

2017年4月北京第1次印刷 印张 $8\frac{3}{8}$

定价：55.00元